황장수

한국탐험

❶ 국회

황장수
한국탐험
1 국회

황장수 지음

백년동안

차 례

1.

세월호 참사로 민낯이 드러난 한국 국회

2014년 4월 16일 세월호가 가라앉고 난 뒤 벌어진 지난 몇 개월의 한국사회는 정치인, 관료사회, 사정기관, 언론 등 우리사회 각계의 사회지도층의 썩은 민낯을 여실히 다 드러내는 계기가 되었다. 2011년 일본의 초대형 쓰나미에 후쿠시마 원전 사고가 발생하였고 또한 일본사회의 많은 구조적 문제가 폭로되는 계기가 되었지만 일본은 나름대로 2만 명 이상이 희생된 이 사태의 교훈을 바탕삼아 일본사회의 재난 안전 시스템과 부패구조를 시정하는 계기로 만들었다. 그러나 한국 사회는 세월호 침몰에서 어떤 교훈을 얻지도 못하고 5개월이 지남에도 여전히 표류하고 있으며 누적된 적폐해소는 커녕 갈등구조를 오히려 더욱더 심하게 증폭시켰다.

이 과정에서 가장 두드러지게 무능과 필요악을 드러낸 집단은 정피아로 불리는 국회의원들이다. 애초 세월호 극복의 대안으로 국가대개조와 관피아 부패유착 척결이 제시되었을 때 몇몇은 관피아보다 정피아가 더욱 문제라고 지적한 바 있다. 관피아가 정책 금융 등의 편의를 통해 유병언 일가 뒤를 봐주어서 세월호가 침몰하게 일조를 했겠지만 결국은 관료들을 뒤에서 움직인 것이 정치권의 실세라는 것은 세상이 다 아는 일이다.

야권, 좌파단체, 진보단체, 정당이라 불리는 사람들은 세월호 특별법 제정을 외치면서 정권의 무능에 이번 참사의 모든 책임이 있는 듯 외치며 국회를 수달째 마비시켰다. 또 이들의 뒤에는 누구 아빠로 불리는 단식농성자와 강성유족 일부가 사실상 초법적 지위에서 여야 세월호 특별법 합의를 세 차례나 무산시켰다. 청와대와 여당은 이들을 달래는 것에 급급해서 조삼모사식의 특검 추천 양보나 주무르고 있다. 여야 정치권 누구도 세월호 참사의 진정한 본질은 외면한 채 민생법안이고 뭐고 다 팽개치고 300여 명의 유족들에 매달려 국회를 5개월째 공전시켰다. 이 나라의 국민들은 유족밖에 없는 것인가?

4월 16일 세월호 침몰 이후로 국회의원 300명이 세월호 항쟁으로 놀고먹는 4개월간 세비만 130억 원, 기타 각종수당 운영비, 출판기념회, 후원회를 포함하면 1,000억 원을 탕진하였다고 한다. 노동자에 대한 무노동 무임금원칙이 관철된지도 10년이 넘었다. 그럼에도 이들 국회의원들은 2014년 추석에 388만원의 추석 보너스까지 타서 귀향했다. 이런 국회의원들의 모습을 보면서 국회해산을 거론하는 사람이나 단체가 늘어나고 있다. 그러나 현재의 대통령제 하에서 선출직으로 당선되어 임기 4년이 보장된 국회의원을 해산시킬 법적 제도적인 방법은 전무하다. 일부는 국민이 들고 일어나 원한다면 초법적인 과거 1987년 4.19 호헌 철폐

같은 일이 일어날 수 있다고 하지만 이것 또한 일회의 유희에 불과하다.

사실 말장난에 불과한 국회해산보다 더욱 시급한 것은 국회의원의 민낯과 실체에 대해 국민들에게 제대로 알리는 것이다. 국회의원들에 대한 특전, 특권, 보수, 역할, 충원과정, 재산정도 등은 생각보다 제대로 알려져 있지 않다. 디지털 민주주의 시대이자 SNS정보 공유 시대이고 세계 최고의 IT강국 한국에서 국회의원들에 관한 실체를 알리는 정보는 매우 지엽적이고 단편적이다. 이 책은 국민들에게 국회의원의 실체를 알려 그들이 어떤 사람들인지 제대로 인식하게 하는 지침서이다.

몇 일 전 만난 한 국회의원은 나에게 자신이 추석 명절기간 지역구 동창모임 술자리에 갔다가 겪은 일을 털어 놓았다. 술잔이 돌아가다가 한 중학교 후배가 자신에게 다가와 "형님, 국회의원들 다 쏴죽이고 싶습니다!"라고 면전에서 말했다고 한다. 이 의원은 지역구 내 시장이나 현장에 나가면 국민들의 국회의원에 대한 혐오가 얼마나 높은지 실감한다고 자조적으로 말했다. 자신은 유병언 리스트나 골프채 50억에 여러 의원이 관련된 것이 사실이라고 믿는다면서 "단 한 명도 관련된 정관계 고위 인사가 없다는 것은 말이 되지 않는다."고 전했다. 자기 자신도 "지금 같은 국회에 의원으로 있는 것이 부끄럽고 회의감이 들 때가 많다."고 전했다. 나중에 확인해보니 이 의원은 국회해산운동에 스스로 서명하기도 한 것으로 알려졌다. 양심이 있는 사람이 떳떳하게 존재해 있기가 어려운 것이 국회인 것이다.

특히 2014년 9월에 일어난 김현 의원 연루 '여의도 대리기사 폭행 사건'은 야권의 강경 친노 성향 의원들이 세월호 유가족 대책위 간부들과 어떻게 연계되어 있는지 그 유착구조를 생생히 드러낸 사건이다. 이 사건은 정국을 5달째 마비시키고 있는 세월호 특별법 논란과 진상규명을 위한 수사권·기소권 요구 특검 추천 구조 그리고 피해보상에 관한 여러 논란에서 세월호 대책위와 야권 강경파가 얼마나 깊숙한 관계를 가지고 긴밀히 연계되어 있는지를 여실히 보여주고 있다. 같이 심야까지 밥과 술을 먹고 대리운전 기사 시비에서 대신 나서 폭행해주고 또 사건의 본질을 왜곡시켜 주는 정도이니 수사권·기소권 등 무리한 정치적 주장과 보상에 양자 간의 관계가 어떠한지 불문가지이다. 안전 사회를 위한 시스템을 만들겠다는 사람들이 정작 발생한 일에 대해 어떤 처리 시스템을 보여주었는가?

새정치민주연합 문희상 비대위원장이 취임해 김영오씨에게 전화하고 언론 인터뷰를 통해 "유가족은 국민들이 세월호 사건을 잊을 것을 두려워한다."고 말하며 유가족 대책위 간부 폭행사건에 대해서는 단 한마디도 당 차원의 공식적 사과나 언급이 없다. 결국 유가족들의 심기를 거스를까 두려워하는 것이다. 또 이 사건은 야권 내 보스에게 끈을 잘 대어 어느 날 의원으로 벼락출세

한 486세대의 진화되지 않는 천박한 행태를 낱낱이 드러내는 계기가 되었다.

2.

유병언 일가의 부패와 국회

야권은 세월호 진상조사 위원회와 특검을 주장하며 세월호 침몰 이후 구조과정에서 정부의 무능, 무질서한 해경과 공무원 등의 부패와 태만, 복지부동, 책임회피 등을 규명하겠다고 벼르고 있다. 그 중에서도 대통령의 7시간이 이들이 노리는 목표이다. 듣기에 따라서 세월호 침몰의 책임이 마치 박근혜 정권에 있다는 것처럼 들린다.

세월호 침몰의 책임에는 우선순위가 있다. 먼저 유병언 일가의 정치권로비에서 비롯된 뇌물과 부패 탐욕에 의한 경영이다. 제주-인천 황금노선을 독점 운항하는 청해진해운을 빈껍데기로 만들고 결국 선박연령을 늘리는 법이 통과되어 고물배가 들어올 수 있었다. 그리고 불법 증개축을 하고 과적에 부실운항을 일삼다 침몰시킨 유병언일가의 비정상적인 기업경영 행태가 사고의 주범이다.

둘째 97년 세모그룹이 3,500억원 부도가 난 뒤 법정관리에서 2,200여억 원을 탕감 받고 수천억 재산을 빼돌리고 자신이 새롭게 세운 위장회사가 헐값에 알짜배기 사업을 되사게 하고, 다시 4,000억 가까운 금융부채를 대출할 수 있게 하고 선령 인상, 독점 운항권 보장, 불법 편법 운항과 안전 불감증을 눈감아준 역대 정권의 정관계 고위인사들이 그들이다. 이들은 세월호 침몰의 공범이다.

셋째, 세월호 침몰 당시 오전 9시 반 전에 인근을 지나던 선박이 구조를 하러 와 있었음에도 선내에 대기하라고 지시한 미스터리한 선내 방송이다. 이 방송만 없었으면 대다수 학생들은 구명조끼를 입고 조기에 바다에 뛰어들어 구출될 수 있었을 것으로 보인다.

마지막으로 침몰 직전 직후 보인 정부, 해경의 무능하고 미숙했던 구조와 사후대처 문제이다.

304명의 인명이 희생된 책임문제를 놓고 보면 첫 번째와 세 번째가 희생의 주원인이고 나머지 정부와 해경의 부실함은 정치적 질타와 자리교체의 대상이지 사실상 사망의 직접 책임문제는 아닌 것이다. 세월호 선원들에 대한 공판에서 탈출 시뮬레이션 전문가는 탈출지시만 제대로 했다면 최소 5분, 길어도 9분이면 전원이 다 탈출할 수 있다고 분석했다. 그럼에도 야당의원은 상습적으로 반정부 투쟁거리에 촛불을 드는 좌파 단체와 일부 강성유족들에 편승해 세월호 특별법 제정에 앞장서며 국회를 5개월이나 마비시켰다. 야당은 자신들이 집권할 때 유병언에게 제공했던 부채탕감, 법정관리에서의 각종 편의와 해상 여객운송회사 설립, 독점운항권을 준 사실에는 철저히 침묵한 채 정부가 유병언 일가에게 세월호 침몰의 책임을 덮어씌우려고 한다고 주장하고 있다.

어떤 야당의원은 유병언 일가의 책임을 사고책임의 10분의 1에 불과하다는 언급조차 했다.

여권 또한 대통령이 6차례 이상 언급한 유병언 특별법을 스스로 발의해놓고 누구하나 유병언특별법 제정에 앞장서지 않았다. 유병언 특별법 제정 국민연대가 질의한 유병언 특별법 제정 동의 여부에 대해 새누리당 의원 157명중 겨우 9명만이 동의한다고 답변해왔다. 유병언 사망 이후 그들 일가에 대한 심판은 배임 횡령에만 초점이 맞추어있고, 배상해야 할 손해액 중 얼마나 몰수할 수 있을지 걱정이다. 벌써부터 전체 액수의 절반도 안 되는 금액만 실제 몰수할 수 있을 것이라는 관측이 나오기도 했다. 그렇다면 모자른 부분은 다 국민의 세금으로 충당하겠다는 것인가?

총 1조원이 넘는 유병언 일가의 97년 부도 부채탕감, 재산은닉 도피, 금융권 재대출 등의 특혜과정에서 누군가 뒤에서 편의를 봐주었는데도 5달이 되도록 단 한명의 정관계 고위인사가 체포되거나 수사되지 않는 이유를 국민들은 납득하지 못하고 있다. 여야 국회의원 다수가 연루되어 있다는 의혹이 거론되는 유병언 50억 골프채와 유병언의 정치인 뇌물상납 리스트가 전혀 수사되지 않고 있다. 평소 같으면 유병언이 3,000억이 넘는 부도를 내고 14년 만에 수조원의 자산가가 되는 과정을 검찰이 제대로 조사하지 않았으니 특검을 통해 밝혀야 한다고 주장해야 할 야당의원들이 오히려 이런 의혹을 유포하는 시민단체 인사를 허위사실 유포로 단속하자고 국회에서 법무부 장관에게 질의하는 실정이다.

유병언 50억 골프채 수사결과에 대해 한국의 사법기관이 공식적 브리핑 없이 기자나 패널들에게 사석에서의 브리핑을 거듭하고 있다. 어느 언론도 이 사건의 발달과 진행, 마무리에 대해서 보도하고 있지 않는 현실은 여야의원이 공모 담합한 거대한 부패가 결국 은폐되어 간다는 사실을 입증시켜주고 있다. 유병언이 운영하는 '몬테크리스토'라는 사교 공간을 출입하며 향응과 뇌물을 제공받은 정치인이 있다는 보도가 나와도, 검찰 스스로가 보도했던 50억 골프채에 대한 의혹이 제기되어도 정치인들은 여전히 건재하다. 송광호 의원 체포동의안 부결 때 봤듯이 부패 유착 커넥션 앞에서는 여야를 떠나 정쟁을 멈추고 언제나 하나로 뭉치는 것이 한국의 정치인들의 실체이다.

유병언 일가에 의한 세월호 침몰은 한국 정치인의 수준과 부패 수위를 여실히 드러낸 사건이다. 배는 가라앉았는데 그런 고물배가 떠다니도록 도와준 역대 정권 실세와 정치인은 하나도 없다는 것이 한국의 현 수준이다.

국민 누구도 유병언 리스트와 골프채에 단 한명의 정치인도 관련되지 않았다는 사실을 믿지 않고 있다. 이런 일들이 역대 정권 정관계 권력실세의 배후 지원없이 가능했다면 유병언은 천재적 사업가인 것이다. 웃기는 것은 여야 누구도 유병언 일가에 대한 철저한 단죄와 세월호 피해수습을 위한 '유병언 특별법' 제정 및 유병언 배후 지원 세력과 유병언 리스트 골프채 50억 등에 대한 '특검'을 주장하지 않는다는 것이다. 입만 열면 사소한 의혹에도 '특검'을 주장하던 야당의원들이 유병언 배후 문제에는 철저히 침묵하고 있다. 여당도 마지못해 스스로 '유병언 특별법'을 발의해 놓고 기업의 사익침해, 위헌요소를 운운하며 침묵의 카르텔에 동조하고 나섰다. 최근에는 청와대마저도 철저한 배후수사와 유병언법에 대한 요구가 잦아들고 있다. 골고루 널리 뿌려서 성공한 로비는 유병언 하나 없어지고 나면 여야 정치권과 사법기관이 공조해 덮고 가자는 것인가?

2013년 6월 전두환 노태우 두 전직 대통령에 대해서는 각기 2,000여 억원의 추징금을 받아내고자 '소급입법' 등 각종 위헌요소가 있다는 법률적 지적에도 빛의 속도로 일명 '전두환 노태우 특별법(공직자의 은닉한 범죄수익 몰수법)'을 통과시키던 여야당이 유병언에 대해서는 완전히 다른 자세를 보이고 있다. 여야당 국무회의가 2013년 11월말 의결해 1월 국회를 넘긴 '김우중 법' 에 대해서도 철저히 침묵해 왔다. 김우중법은 전두환법이 통과되는 과정에서 김우중 회장을 비롯한 고액 추징금 미납자에 대한 관심이 높아지며 부리나케 내놓은 개정법안이다.

이 법은 타인 명의로 은닉된 재산도 추징 집행대상이 될 수 있도록 집행절차를 개선하는 내용인데 1년 이상 진전이 없다. 앞으로도 얼어붙은 정국으로 인해 김우중법 처리는 더욱 험난한 앞길을 예견하고 있는데 벌써부터 법사위 소속 의원들 사이에서 "특정인을 염두에 둔 법안이라 위헌요소가 있다."는 말이 나오고 있다. 김우중 회장은 추징금 17조 9,253억원이라는 천문학적인 액수를 내야함에도 현재까지 0.5%인 884억원만 납부한 상태이다. 이 법을 통해 그동안 불법을 저질러 추징금을 내야함에도 온갖 수법으로 피해 다닌 사람들에게 재산을 환수할 수 있음에도 처리가 이루어지지 않고 있다.

이런 여야 국회의원의 뇌물의혹에 대한 위선적이고 이중적 태도가 오늘날 한국국회의 부패 수준과 무능함을 여실히 보여주고 있다.

3.

국회의원의 먹이사슬과 동선

2014년 8월 철피아, 서울예술종합학교 입법로비로 국회의원 몇 명이 검찰에 소환되고 구속되었다. 유병언 리스트와 골프채, 몬테크리스토 사교 공간에도 수십 명의 정치인이 연루되어 있다는 소문이 파다하다. 필자도 여야 주요 정치인이 연루된 매우 신빙성 있는 제보를 받아 의혹을 제기 중이다.

왜 국회의원들은 끊임없이 뇌물 수수 의혹에 시달리는 것일까? 그것은 입법과 감사과정, 대정부질의 보도자료 배포 등을 통해 국회의원들이 행정부에 막강한 영향력을 미칠 수 있는 능력을 가지고 있기 때문이다. 언론 또한 국회의원의 말 한마디와 의혹 제기에 대해서는 사실여부를 떠나 대서특필을 하는 경향이 있다.

국회의원 스스로의 출신 성분 또한 법조인, 관료, 재계, 학계, 언론계 등 우리 사회 상류층 인사들이 대부분이다 보니 자연스럽게 자신의 혈연, 지연, 학연 등으로 우리 사회 기득권 집단과 긴밀히 엮이게 된다. 골프 한번 치자, 밥 한번 먹자, 외국 바람 쐬러 가자 등으로 시작되는 부패 유착 커넥션의 시작은 '의정활동에, 지역구 관리에 보태 쓰십시오.'하는 쪽지로 연결된다. 일단 한 번 연결된 부패 커넥션은 공고한 유착 구조의 완성으로 마무리된다.

일반 국민들은 국회 회기 중 본회의장이 텅 비어 있는 모습을 보며 국회의원들이 무척 바쁜 일이 많구나 정도로 생각할 것이다. 사실 국회의원들은 의정활동 즉 입법, 국정감사, 상임위활동, 지역구 관리 보다는 사실상 '교제'를 하는데 많은 시간을 소비한다. 국회의원 당선이라는 것은 입법로비, 각종 청탁, 인사 개입, 대출 등 금융 로비, 비리 눈감아 주기 등에 있어 이해관계에 있는 부패 세력이 접근할 수 있는 자격증을 부여받는 것과 같음을 의미한다. 끊임없이 이해집단들에 초대되어 술 먹고 밥 먹고 골프치고 외유를 떠나며 교제하다 보면 어느새 국회의원 스스로 부패세력의 로비스트가 되어 버리는 것이다.

사실 국회의원을 둘러싼 부패의혹이 사실로 확인되어 우리에게 알려지는 것은 빙산의 일각이다. 의원들이 기를 쓰고 다선의원, 장관이 되고 계속해서 그 직을 유지하려 애쓰는 것은 선수가 높을수록, 상임위원장이나 특위위원장이 될수록, 당직이 높을수록, 이왕이면 행정부 장관도 겸임할수록 그 대가가 짭짤한 것이 한 이유일 것이다. 사방에 널린 부패세력과 그 브로커에 대해 저항 없이 몸을 맡기는 의원이 한둘이 아닌 것이 한국의 현실이다. 나아가 직업도의상 해서는 안될, 입법과정을 통한 특정인 편의를 봐주는 '입법로비'까지 만연해진 것이 우리 정치의 현실이다.

국회의원이 가진 권한을 이용한 부패유착에 대해 우리는 극히 일부만 알고 있을 뿐이다. 서울종합예술학교 문제나 여의도 대리기사 폭행사건까지 국회의원의 권한을 이용하는 선례의 극히 일부를 보여주는 것 뿐이다. 국회의원은 결코 입법과 국정감사 등의 본연의 역할 때문에 바쁘다고는 보지 않는다. 그들의 지나치게 바쁜 하루 동선 중 상당한 부분이 스스로도 알게 모르게 이해집단의 로비스트가 되어가고 있기 때문에 그토록 바쁜 것이다.

4.

계파는 결국 공천을 위한 끼리끼리 모임이다

2014년 9월 새정치민주연합이 세월호법 제정과정에서 협상안을 거듭 폐기하고 장외투쟁을 하는 등 왔다갔다하더니 박영선 원내대표의 사흘간의 탈당 논란까지 벌어지며 잡음이 더 심해졌다. 그동안 계파가 없는 제1야당의 대표로서 여러 사안에서 무력감을 느꼈을 것이다. 간신히 박영선 대표가 당무 복귀를 선언하면서 논란을 잠재웠지만 벌써부터 갈 길이 안 보이는 새정치의 미래에 당 안팎에서 걱정의 시선이 크다. 야당은 그동안 고질적인 계파정치로 당내부조차도 갈등이 끊이지 않았는데 곳곳에 지뢰가 깔려있어 옴짝달싹 못하는 형국이다. 원래 정당도 여러 사람이 모여있는 조직이라 그 안에서 계파가 형성되는 것은 어쩔 수 없는 것이라고 해도 그 계파 때문에 하나로 뭉쳐야 할 때조차도 단결력을 보여주지 못하는 것이 우리 정치권의 모습이다.

구원투수로 문희상 의원을 비상대책위원장으로 세우며 "계파정치, 이기주의를 뿌리뽑겠다."며 연일 강경한 발언을 내지만 정작 문위원장 본인도 계파 논란에서 벗어나지 못하고 있다. 당 비대위 구성자체가 이미 계파 갈등을 조장하고 강경파에 유리하게 짜여져 있는데 계파정치 청산자체가 어불성설이라는 당 내부 목소리가 나오고 있다. 비상대책위원회가 출범한지 며칠 지나지 않았는데도 벌써 당내 반발에 직면하는 야당을 보며 뿌리 깊은 계파정치에 다시 한번 놀라게 된다. 이래서야 세월호 특별법을 마무리하고 야당 내부 수습과 차기 지도부 선출 등이 진행될 수 있을까? 지난 11년 동안 당대표만 28명이 바뀐 것이 새정치연합이다. 당 지도부의 권력이 약해지면 계파가 부상하고 계파 싸움이 심해지면 당 지도부는 더욱 약화되는 구조이다. 이러다보니 새정치 내부에서는 제1야당이 아니라 124명의 점조직이라고 자조하고 있다.

여당도 마찬가지였다. 정도의 차이는 있을지언정 친박계, 비박계, 범박계 등 다양한 계파로 나누어져 대립했다. 여러 차례 공천과 그 과정에서 계파들의 다툼이 심화되면서 갈수록 여당도 나누어졌다. 지난 6.4지방선거 때문에 친박, 비박이 어딨냐고 했던 사람들이 공천심사를 할 위원회 구성 과정부터 "특정 계파가 독점하려 한다."며 비판에 나섰다. 이런 것을 없앤다며 만든 보수혁신위는 새누리당의 체질개선과 정치권 개혁 방안 등을 제시할 것이라 했다. 김무성 대표는 보수혁신위에 대해 "지역과 계파를 배려하지 않았고 개혁모임의 주축멤버를 다 넣었다."고 말했다. 하지만 정작 구성 위원들의 면면을 보면 '친김무성파'라고 부를 수 있는 사람들로 채워졌다. 범박계까지 합치면 친박성향의 의원은 단 2명이다. 김태호 의원은 아예 대놓고 "대권 놀이터냐."고 작심하고 비판을 하였다. 보수혁신위가 가장 먼저 손보겠다는 것도 의

친박계	서청원 이정현 윤상현 유기준
비박계	김무성 정몽준 이재오
범박계	유승민 이완구 정우택 이한구

새누리당 계파

범친노	문재인계	노영민, 윤후덕, 전해철, 진선미, 홍영표, 김기식, 김경협, 김태년 등
	원로그룹	문희상, 원혜영, 유인태, 이해찬, 한명숙 등
	정세균계	강기정, 안규백, 전병헌, 최재성, 정호준 등
	안희정계	박수현, 김윤덕
비친노	김한길계	김관영, 노웅래, 민병두, 주승용, 정성호, 변재일, 문병호, 최재천 등
	구민주계	박지원, 추미애, 김영록, 박혜자, 설훈 등
	손학규계	양승조, 이춘석, 김동철, 김우남, 신학용, 조정식, 최원식, 이찬열 등
	486계	우상호, 이인영, 임수경, 오영식 등
	민평련(GT계)	이목희, 최규성, 우원식, 유은혜, 인재근 등

새정치민주연합 계파

원들이 가장 민감하게 반응하는 공천문제이다. 공천문제에 손을 대려고 하니 계파들끼리의 싸움이 벌어지는 것이다.

결국 계파는 공천을 위한 끼리끼리의 모임이다. 한정된 파이를 차지하기 위해 각각의 계파에서는 자기 사람을 공천하고 반대 계파의 사람을 끌어내리려고 애쓴다. 이전투구를 감행하다 보면 어느새 서로가 남보다 못한 사이가 된다. 과거에도 계파는 있었지만 공천이나 당직의 다툼에 있어서 계파의 수장들이 리더십을 통해 해결하는 경우도 있었다. 그러나 이제는 이익에 더 몰두하여 당 전체의 이익보다 계파, 더 좁게는 의원 개인의 이익을 위한 행동을 하고 있다. 야당은 주로 목소리가 큰 강경파들이 주도를 잡고 있고, 여권은 그때그때마다 힘이 있는 쪽 계파에 쏠리는 형상이 나타나고 있다. 다양한 계파를 통해 조직을 구성하는 것이 아니라 다양성을 상실한 채 계파보스의 의중을 읽어내려고 진땀들을 빼고 있다. 계파보스가 하는 말이 곧이곧대로 받아들여지는 것이 정당정치로 나타나고 있다.

계파정치는 국민의 선택과는 아무 관련이 없다. 계파가 하고 있는 일이 국민들의 민의를 대변하고 있다고 보는가? 계파들은 유권자에게 잘 보이려고 행동하는 것이 아니라 계파보스에게 잘 보여 공천을 유리하게 이끌려고만 생각하고 있다. 어느 쪽이든 한쪽 끈을 잡고 있으면 각 계파마다 공천권이 올 때 기회를 잡으려는 속셈이다. 공천과정이 투명하고 공정하지 않기 때문에 계파가 먹혀들고 있다. 자신의 보스에게 충성하던 사람들은 자신보다 약한 위치의 시의원, 구의원들의 공천에서는 갑의 노릇을 하고 있다. 실제로 이런 과정에서 돈이 오고 갔다가 당적이 제명되고 의원직을 잃게되는 경우도 많다. 꼬리에 꼬리를 무는 상납이다. 계파도 가치중심적으로 모인 것이 아니라 인물 중심으로 구성되고 있다. 딱 동네 아이들 싸움이다. 이런 계파정치가 타파되지 않는 한 발전하는 정치를 구경하기 힘들 것이다.

공천방식의 대안으로 제시된다는 오픈프라이머리(Open primary)도 다 기득권 유지와 관련이 있다. 원래 오픈프라이머리는 일반 국민들에게 후보 선출권을 확대해서 국민이 직접 선택한다는 상향식 투명공천을 지향한다. 국민의 관심을 유발시켜 정치 신인도 발굴하고 인기있는 정치인이 후보가 되는 방식인데 이게 우리 정치에서는 그 장점인 투명성이 발휘되지가 않는다. 먼저 도입한 미국에서도 도입 100년이 지났지만 사실상 드러나는 비민주적 요소에 미국민들도 환영하는 방식이 아니다. 현재 미국에서도 19개 주에서만 이 제도를 도입하고 있고 극히 일부의 다른 국가에서 시행중이다(멕시코, 아르헨티나, 칠레 등).

국민의 정치참여를 늘리고 공천권을 유권자에게 돌려주겠다는 이 제도가 오히려 조직동원과 금전, 기존의 인기있는 정치인들이 이기기 쉬운 구조로 물의를 일으키고 있다. 논란이 뜨거웠던 모바일 투표도 오픈프라이머리의 방식으로 볼 수 있는데 지난 민주당의 오픈프라이머리 도입이 과연 민주당의 정치 생명을 늘렸는지 생각해보아도 오픈프라이머리가 무슨 만병통치약인 듯한 태도는 지양해야 할 것으로 본다. 현재 새정치연합이 오픈프라이머리를 도입하면 좋을 사람이 누구인가? 일종의 팬클럽과 같은 사람들을 조직적으로 모아 동원이 가능한 사람이 오픈프라이머리에서 이길 것이다. 또한 당차원에서도 당의 선거권을 모든 국민들에게 준다는데 누가 당비를 내가며 당원이 되려 하겠는가? 지금도 당비를 낸 '진성당원'은 찾아보기 힘들다. 이런 국민들의 낮은 정치 관심 속에 오픈프라이머리가 도입된다고 국민들의 진짜 자발적인 참여를 이끌어 낼 수 있을까? 비밀리에 조직을 동원하고 확보된 조직들의 친인척까지 선거인단에 가입하게 해서, 선거일에는 여러 가지 투표독려책을 하는 것은 지금의 공천제도보다 나을 것이 없다. 오히려 각 계파의 수장들처럼 인지도 있는 의원들이 선호하는 제도, 자신들의 기득권을 공고히 할 수 있는 '민주주의 실현'을 기댄 구색 좋은 사탕발림이다.

매번 당대표들이 계파정치를 청산한다 해도 사라지지 않고, 한국판 오픈프라이머리로 바뀌면 뭔가 달라질 것처럼 하는 데도 우리 정치가 달라지지 않는다는 점. 이런 결과가 나오는 것은 의원들의 '이권'에 대한 무서울 정도의 집념 때문이다.

5.

이원집정부제 개헌론으로 계속 해먹으려는 의원들

2014년 10월 들어 여야에서 정치혁신, 국가개조를 위해서는 개헌이 필수적이라며 주장하는 의원들이 늘어났다. 새정치민주연합 비대위원 박지원 전 원내대표는 2014년 9월 25일 "진정한 정치혁신 국가 개조는 개헌만이 가능하다."며 4년 정·부통령 중임제와 분권형 개헌을 주장했다. 24일 새누리당 최고위원 중진 연석회의에서 이재오 의원은 "보수혁신의 쟁점은 개헌"이라며 "개헌특위 구성하고 야당과 협상하라."고 주장했다. 여권은 청와대와 친박을 빼고는 총선 전 지금이 개헌적기라는 김무성 대표 및 의원 다수가 개헌을 지지하고 있고 야권에서는 문희상 비대위원장, 금번에 새정치연합의 대표가 된 우윤근 의원 등이 개헌논의에 적극적이었다.

'개헌추진 국회의원 모임'은 회원을 의원 152명(2014년 10월 기준)으로 늘리고 10월 국회에서 개헌특위를 구성해야 한다고 목소리를 높였다. 여야 의원들이 개헌 특위 분권개헌을 주장하는 이유는 뻔하다. 혼자서 대통령이 되기는 벅찬 잠룡들은 권력을 나누어 먹고 자기도 대통령, 총리나 되어보자는 것이다. 의원 다수는 분권개헌을 통해 총리 국회가 막강한 힘을 가지는 내각제적 요소가 도입되면 장관직을 쉽게 해볼 수도 있고 각종 정치권 특권 이권이 늘어나고 현행 선거구제도의 변경도 개헌과 더불어 도모할 수 있기 때문이다. 중진의원이나 현역의원 중 지명도가 높은 사람들이 선거구제도로 바꾸어 쉽게 당선되어 계속 기득권을 누리고 권력도 나누어 먹자는 도둑심보가 자리 잡고 있다.

사실 의원들을 빼놓고 국민 누구도 개헌에는 관심이 없다. 리얼미터가 개헌논의 필요성에 대해 긴급 여론조사를 실시한 결과, 응답자의 38.4%가 '내년 이후로 미뤄야 한다.'는 의견을 나타냈고, 31.9%는 '올해 논의를 시작해야 한다.'고 응답했다. 반면 '논의할 필요 없다.'는 의견은 11.7%에 그쳤고, 잘 모름 응답은 18.0%로 나타났다. '논의할 필요 없다' 11.7%와 '내년이후로 미뤄야 한다.' 38.4%를 합하면 개헌반대 의견이 훨씬 더 높았다. 반면에 CBS에서 국회의원 300명에게 전수조사한 개헌 관련 설문조사에서는 231명이 개헌에 찬성한다는 답변을 보냈다고 한다. 국민들은 반대하는 것에 국회의원들은 정치혁신, 국가개조를 핑계를 대며 개헌을 하자며 나서고 있는 것이다.

문제는 분권적 개헌을 한다고 해서 국회의원들의 면면이 달라질 가능성이 희박하다는 것이다. KBS 방송문화연구소가 10월 3일부터 1,047명을 대상으로 조사(오차한계는 95%, 신뢰수준 ±3.03% 포인트)한 결과 국회의원에 대한 국민의 신뢰도는 10점 만점에 2.24로 최하위를 기록했다. 이런 결과는 한두 해 국회의원들의 모습을 보고 국민들이 평가한 내용이 아닐 것이다. 계속 보아도 신뢰를 할 수 없다는 판단이 들었기 때문에 2점이라는 초라한 성적표를 준 것이다.

과연 이들이 말하는 것처럼 정치문제는 이제까지 개헌이 되지 않았기 때문에 불거진 것일까? 권력을 분산시키면 모든 것이 다 해결된다는 것은 허상이다. 정치문제는 이제까지 개헌이 안 되어서 발생된 것이 아니다. 정치를 하는 국회의원들이 근본적으로 잘못되었기 때문에 문제가 발생하는 것이지 개헌의 여부랑은 아무 상관이 없는 것이다. 정치의 문제가 구조상 승자독식주의로 인해 여당은 집권정부를 옹호하고 야당은 비판만 하며 대립하는 것일까? 그들이 말하는 분권적인 체제로 가도 세력우위를 점하기 위한 여야 간의 다툼은 계속 될 것이다. 개헌 논의는 선거구제도와 같은 논의가 필수적으로 들어가기 때문에 국민들은 국회의원들의 개헌론이 자신들의 행실에 대한 반성에서 나오는 것이 아니라 '기득권 유지'라는 것을 알아야 한다. 'A는 대통령, B는 총리, C는 장관' 이런 식의 권력 나눠먹기에서 어디에 민생정치가 담겨 있고, 혁신이 담겨있는지 국민들은 통찰력을 가지고 꿰뚫어봐야 한다.

그런데 2014년 10월 국정감사기간 동안 중국을 방문하여 안 그래도 눈총을 받고 있던 새누리당 김무성 대표가 "유능한 대통령에게 5년은 짧고 무능한 대통령에게 5년은 길다."며 "정기국회가 끝나면 개헌논의가 봇물 터지는 듯 나올 것이다. 4년 중임제가 다수였던 것으로 기억하는데, 최근에는 오스트리아 식 이원집정부제가 부상하고 있는 것 같다."고 말해 파장을 일으켰다. 이는 박근혜 대통령이 "개헌 논의 등 다른 곳으로 국가 역량을 분산시키면 또 다른 경제의 블랙홀을 유발시킬 수 있다."며 반대한 것과 정반대의 입장을 보여준 것이다. 언론에서는 중국에서 던진 개헌 폭탄, 대권주자 입지 승부수, 박대통령 블랙홀론에 돌직구 등으로 대서특필되었다. 그러자 바로 다음날 김무성 대표는 "대통령이 이탈리아 아셈에 있는데 제가 예의가 아닌 것 같아서 죄송하다는 말씀을 드린다."고 말했다.

여기서 갑자기 나온 오스트리아식 이원집정부제, 연정이 도대체 무엇이기에 우리나라의 상황에 적합하다고 말하는 것일까? 오스트리아의 대통령은 국가원수로서 외교 · 통일 · 국방 등의 외치를 전담하고 국무총리는 행정수반으로 내치를 분할 관장하는 것으로 이원집정부제를 보여주고 있다. 그리고 선거득표를 비율로 연립정부를 구성하고 있다. 오스트리아는 역사적으로 2차대전에서 막대한 피해를 입었고 전후복구와 외세를 극복해야 하는 시대적인 과제가 있었다. 그래서 이념적 지향차이를 극복하기 위한 진보와 보수의 대연정을 시작한 것인데, 엄밀히 말하자면 이들 연정이 중도보수, 중도진보였기에 가능한 이야기였다. 어느 한쪽이 극단적이지 않았기 때문에 가능한 연정이었는데, 이 연정을 통해 오스트리아는 전후 나라를 복구하고 경제발전을 이룩할 수 있었다. 나라의 존립이 위태로웠기 때문에 합심했다는 독특한 특성이 지금의 우리나라의 상황과는 다르다고 말 할 수 있다.

게다가 오스트리아의 정치는 기본적으로 여러 당이 공존하고 있으며 제각각 국민들에게서 어느 정도 지지를 받고 있는 다당 체제이다. 그리고 이들이 연정을 하는 가장 중요한 이유는 각 당마다 득표율이 30%를 넘지 않는 현실적인 이유이다. 두 개의 당이 연정을 해야 전체 투표율의 50%를 넘어 국정을 운영하고 있는 상황인데, 이것이 20여 년 동안 지속되다 보니 오히려 오스트리아 국민들에게서는 1,2당이 서로 나누어 먹는다는 비판을 받고 있다. 5년마다 실시되는 총선이 가장 최근인 2013년도에 치러졌는데, 중도좌파의 사회민주당이 전체 유효투표의 26.8%, 중도 우파 국민당은 23.9%를 차지했다. 각 1,2당을 개별적으로 보면 30%를 넘지 못하기 때문에 두 당이 연정을 통해 50%를 넘음으로써 집권을 할 수 있었던 것이다.

특히 2013년 총선에서는 중도 좌, 우파 2당이 가까스로 50%를 넘었기 때문에 내용상 사실상 패배와 다를 바 없다는 것이 전문가들의 분석이다. 두 당의 득표율은 지난 2008년 각각 29.3%와 26.0%에 비해서는 후퇴한 것이며 1945년 이후 최저 수준이다. 여기에 극우정당인 자유민주당이 21.4%로 지난 2008년 총선 때 득표율인 17.5%에 비해 약진하여 많은 비중을 차지하게 되었다. 대연정이 이어지더라도 반(反) 이민 정책과 유로화에 회의적인 태도를 보여 온 극우 정당의 입김이 강화돼 정국 운영에 어려움이 커질 것이라는 분석이 주를 이루었다. 정치학자들은 "대연정이 계속되겠지만, 더 이상 '대'연정으로 부르기 어려운 상황이 전개될 것"이라고 말했다. 우리 정치에서는 새로운 롤모델로 제시하고 있는 '오스트리아의 연정'의 실상은 1,2당이 20년간의 장기집권일 뿐이다. 처음에는 중도 좌파를 찍었는데 20대 득표율이 나와서 그들이 중도 우파랑 연정을 해버리고, 다음에는 중도 우파를 찍어주면 역시나 20대의 득표율이 나와 중도 좌파와 연정을 해버리는 모습. "오스트리아의 야당이 없어졌다는 것"이 오스트리아 국민들의 반응이다.

이런 연정이 우리 정치에 그대로 도입되면 어떤 모습일까? 결국 여야가 오랫동안 담합처럼 짬짜미해서 권력을 나눠가지는 것이 아닌가? 연정에는 정치 이상을 달리하는 양 정당이 초인적인 양보심과 탁월한 협상력, 그리고 서로 상대를 존중하는 견고한 신뢰가 있어야지만 가능하다. 지금 우리 정치가 상대 정당을 바라보는 눈길에서 신뢰를 느낄 수 있는가? 서로의 뿌리와 업적을 인정하지 않는 태도, 즉 '사촌이 땅을 사면 배가 아프다'식으로 아웅다웅하고 있는 것이 현실이다. 연정을 한다고 해서 있었던 여야당이 사라지고 양당으로 나누어 다툼만 하던 정치권이 바뀌는 것이 아니다. 연정을 통해 서로 다른 꿈을 꾸며 살던 사람들이 하나로 뭉친다는 것은 근거 없는 환상이다. 지금도 재벌과 대

규모 자본세력의 정치인들에 대한 포획과 정치인과 돈에 대한 스캔들, 청부살인 등 온갖 부정부패가 판을 치는데 연정이 되었다고 이런 것이 사라질 리가 없다.

여야도 뚜렷하지 않은 나눠 먹기식 정부가 구성되면 결국 가장 반기는 것은 대기업 자산가, 금융 자본가, 해외자본, 기득권 세력이고 종북세력이다. 정부가 허약하고 권력이 분산되어 있으면 로비하기가 좋고 경제개혁이나 복지 같은 소리도 쏙 들어 갈 것이다. 즉, 강한자의 입김과 회유가 정치권과 약한 정부를 마음대로 흔들 것이다. 나아가 종북 세력 또한 강력한 국가기관의 '가치전쟁'이나 정당 해산 청구, 이적간첩행위 체포 등에서 자유로울 수 있는 이념정권이 아닌 이해 정권을 원할 것이다. 과거 1960년 4.19로 이승만 정부가 무너진 뒤 실시된 분권적 내각제 하에서의 각종 시위도 이념적 대립으로 날을 세운 일이 이를 입증한다. 북한이 가장 원하는 것은 남측에 분권적 개헌으로 권력이 분산되고 허약해진 '무이념 기득권 지향 정치체제'가 성립되는 것이다.

개헌 제기의 역사를 보면 87년 대통령 직선제 개헌 이후 97년 대선에서 'DJP연합'으로 헌정사 최초의 정권교체가 됐을 때 '개헌 논의'가 첫 등장을 했다. 당시 DJP연합으로 호남-충청연합에 의한 공동정부를 설립할 때의 비공개 합의가 '내각제 개헌'이었다. 결국 이 합의가 대통령인 DJ측에 의해 깨지면서 2001년 9월

DJP연합 체제는 끝이나 버렸다. 이후 노무현 대통령이 2005년 박근혜 한나라당 대표 측에 '연정 제안'을 하면서 '동거정부'를 제안했고, 2007년 1월 노 대통령은 4년 중임제 개헌이라는 '원포인트 개헌'을 제안한 바 있다. 그리고 MB정권은 2010년 초부터 정권 2인자 이재오 의원이 나서 개헌에 대한 군불을 때기 시작했고 이 작업은 2012년 대선 막바지까지 지속됐다.

87년 개헌 이후 YS정권 때만 빼고는 사실상 모든 정권에서 개헌이 등장했던 것이다. 대체로 정권을 새로 잡는 측은 임기 초에 개헌 논의가 나오는 것을 싫어한다. 반면 여당의 비주류나 야당은 개헌 논의를 정권 초반부터 끊임없이 제기하며 정권의 약화를 유도한다. 임기 말에 가면 자세가 바뀌게 되는데 노통이나 MB정권처럼 집권주도세력이 개헌을 통해 차기 정권의 약화와 지분 유지를 꾀하게 된다. 개헌론이 일정한 세를 벌고 개헌이 추진되는 바로 그 순간부터 정권을 잡은 측이 힘이 빠지기 시작하기 때문이다.

이런 과정을 볼 때 현 시점에서 개헌은 아무리 고상한 명분을 갖다 붙이려 해도 결국 정략과 당략에 불과하다는 것을 알 수 있다. 실제 국민 다수는 개헌이 왜 필요한지 현재의 5년 단임제와 4년 중임제와 분권적 대통령제 개헌이 뭐가 다르고 장단점이 무엇인지 잘 모른다. 흔히 개헌론자는 현재의 5년 단임제는 제왕적 대통령제이고 정책의 연속성이나 책임성이 약하다고 비판한다.

그러나 4년 중임제는 한국같이 진영 대립과 포퓰리즘(populism)적 전통이 강한 나라에서는 위험한 요인도 많다. 4년 중임제에서는 첫 당선된 대통령이 다음날부터 재선을 위한 포퓰리즘 정책을 구사하며 퍼주기식 복지로 국가재정 부도를 가져올 가능성도 크다.

마찬가지로 분권적 대통령제 또한 세계 유일의 분단국가에서 대통령, 총리, 장관에 분산된 권력이 종북세력 정리나 안보 통일 대처에 매우 소극적일 가능성이 크다. 나아가 기득권과 자본세력이 분권적 대통령제를 활용해 여기저기 분산된 권력을 효율적으로 쉽게 매수하게 되는 폐단이 발생할 수 있다. 또한 오스트리아식 연정이 된다면 연립정부 구성을 위해 어디까지 자신의 편으로 끌어들일 수 있을까? 북한에 대해 기본적으로 다른 태도를 가진 정당들이 뭉치는 것은 어려운 과제일 것이다.

이런 장단점을 고려할 때 꼭 개헌이 현 시점에서 필요한 것인지 의문이다. 결국 개헌은 국민의 요구가 아닌 정치인들의 개인적 이해관계에 의해 제기되고 있는 것이다. 현역 국회의원들은 대개 자신들이 공천을 다시 받고 오래오래 국회의원을 할 수 있고 장관이나 총리 등도 해보는 것이 가장 큰 희망 사항일 것이다. 여야에 유력한 차기 대선 후보가 없는 상황에서 이들의 생각은 현재의 'All or Nothing'인 강력한 단임 대통령제보다 상징적 대통령과 책임총리, 여야 연정구성 그리고 주요 자리를 잘게 쪼개 여야 및 각 정치세력이 골고루 나눠 먹을 수 있는, 경우에 따라서는 야당도 없이 의석수대로 각 정당이 장관직을 나눠 먹는 '분권적 개헌'이 가장 먹음직스러운 제도라고 생각할 수 있다.

현 시점에서 국회의원들의 개헌 요구는 높을 수밖에 없지만 국민들은 이런 실정을 제대로 모르는 채 분권 개헌에 춤을 추고 있는 상황이다. 따라서 개헌에 대한 찬반 지지율은 무의미하며 개헌을 주장하거나 반대하는 사람은 개헌 문제의 본질과 장단점이 무엇이고 왜 필요한지부터 국민에게 솔직히 알려야 한다. 국민의 여론이 전폭적으로 지지하지 않는 개헌은 절대 이뤄질 수 없다.

2014년 10월 30일 헌법재판소는 현재의 국회의원 선거구와 관련하여 3:1까지의 선거구별 인구편차 내용이 '헌법불일치'라 판결하고 2015년 말까지 2:1 이내로 줄이라고 판결했다. 이에 따라 246개의 현행의원 선거구 중 상한 초과 선거구가 37개, 상한미달 선거구가 25개로 이들 선거구에 대한 대규모 조종이 불가피해졌다. 이 선거구 조정 문제는 ①국회의원 정원 증설 ②비례대표 조정 ③선거구 획정의 주체 ④개헌과의 관련성 등 복잡한 문제를 낳고 있다.

첫째, 국회의원 정수 조정과 관련해 2012년 총선 전 여야는 공직선거법 개정을 통해 의원 정수를 1명 늘려 300명으로 확정했고 지역구 246명 비례대표 54명으로 19대 총선을 치렀다. 이번 헌재의 판결로 현행 300명으로 제한된 의원 정수대로라면 상당

개헌 찬성	개헌 반대
양당 체제에서 진영논리, All or Nothing의 권력 쟁취게임에 빠져있으므로 권력을 분점해야 한다. 대통령을 배출한 정치세력은 국가운영의 전권을 쥐고 있고, 그렇지 못한 세력은 국정운영에서 배제당하기 때문에 정치인들이 싸움에 몰두하는 것이다.	공직은 물론이고 대학까지 여야 동률동수로 갈라먹는 프로포르츠(Proporz · 권력 배분)로 사회적 갈등이야 줄겠지만 주요 결정 지연, 정치적 거래, 정실 임용, 부패는 늘어날 수밖에 없다.
제왕적 대통령의 폐단을 고려하여 국민통합의 상징, 국가원수로서의 지위에 걸맞게 최소화 해야 한다. 권한이 대통령에게 다 있으니 책임도 대통령이 다 지고 있다.	국가의 주요 정책들이 입법 과정을 거쳐 대부분 마무리되지만 변화된 정치환경으로 대통령이 국회의 도움없이는 할 수 있는 일이 별로 없다. 지금도 대통령의 힘이 여당에게 미치는 것은 임기 초중반 정도이다.
낡은 권력구조는 시대적 요구를 반영하지 못한다. 세월호를 통해 볼 때 제왕적 대통령제는 국가 위기 대응에 한계가 있다. 유명무실한 국무총리의 권한을 대폭 강화하고 국무총리가 국무위원에 대한 임면권을 실절적으로 하고, 행정권을 총괄해야 한다.	세계 유일 분단국가에서 안보가 약해진다. 국가의 긴급 사안에 의사 결정을 지체시켜 위기 대응 능력을 떨어뜨린다. 이원집정부 하에서 국가보안법, NLL, 국정원, 간첩색출 및 처벌, 북한 도발, 통진당 해산 청구 등에서 국가기관이 서로의 역할을 잘 작동할지 의문. 무이념 기득권 지향 정치체제'가 성립되는 것
민의반영에 효과적이다.	여야가 권력을 나눠먹으려는 것이다. 또한 좌파를 찍어도 연정, 우파를 찍어도 연정을 하니 사실상 야당이 없어지는 것과 같다. 여야가 구분없는 정치는 민의가 아니다.
공천제도 때문에 국회의원들이 역할에 충실하지 않는 것도 있으니 선거구제도에 대해서도 개선해야 한다. 효율적 행정구역 개편을 통해 진정한 의미의 지방분권을 이루어야 한다.	선거구제도까지 중대선거구제도로 바꿈으로써 기존의 유명정치인, 세가 강한 정치인이 더 쉽게 권력을 유지할 수 있다. 국회의원들의 기득권을 지키기 위한 것이 개헌의 목적이다.
유능한 대통령에게 5년은 짧고 무능한 대통령에게 5년은 길다. 총리는 바로 바꿀 수 있다. 유능하면 길게 가고, 안정적 정치를 하는 장점이 있다. 정책의 연속성이 약하다.	기득권 자본세력이 분산된 권력을 쉽게 매수할 수 있다. 강한자의 입김과 회유가 정치권과 약한 정부를 마음대로 흔드는 슈퍼자본주의가 강해진다.

개헌이 경제블랙홀이라는 것은 과장이다. 개헌 논의는 '개헌 특위'를 통해 끌어가면 된다. 개헌은 정부가 아니면 국회가 발의해야 하는데, 국회는 최적의 발언시기를 기다리고 있었고 지금이 개헌의 최적의 시기이다. 5년 임기의 정권의 2년차라 지금 개헌을 해야 나머지 3년을 현행 헌법대로 정부가 할 일을 하며 국정을 운영할 수 있다. 후반기에 논의하면 레임덕 현상이 온다.	개헌 정국이 오면 정상적인 국정 운영이 어려워져 민생과 경제가 더욱 어려워진다. 개헌 논의를 하는 순간이 바로 정권의 레임덕이 오는 순간이다.
잦은 선거와 국정 운영의 혼란을 방지하기 위해 후임 국무총리를 먼저 선출하고 나서 현직 국무총리의 해임을 요청하게 하자. 집권 1년 이내에는 내각 불신임이 불가능하게 하자.	당선 목적으로 이합집산을 반복하는 국내 정치 풍토에서 내각제 요소를 강화한 이원집정부제를 추진하면, 불안한 내각 구성 반복 현상을 부를 수 있다. 국회선진화법 통과만 해도 여야가 엄청나게 다투었기에 내각 불신임제도가 생긴다면 국정에 큰 혼란이 오며 폐해가 엄청날 것이다. 대통령과 국무총리가 갈등을 빚어도 해결할 방법이 없다.
대법관과 헌법재판관 전원을 국회에서 뽑되 그 수장은 법관끼리 투표하게 하자.(우윤근 의원) 감사원장 임명권한을 국회로 이전하자.	국회가 헌법 해석까지 지배하게 되면 3권 분립이 아니라 국회가 3권을 독점하는 것이다.

수 영호남 지역의원들의 선거구가 줄어들 수밖에 없는 실정이다. 재당선이 다른 무엇보다도 가장 중요한 목표인 국회의원들 입장에서는 의원정수를 늘려 손쉽게 이 문제를 해결하려 할 가능성이 크다. 지역구가 없어질 의원들의 입장을 고려한다면 최소 10명 이상의 의원정수가 늘어날 가능성이 크다. 그러나 최근 놀고먹는다며 국민적 지탄을 받고 있는 국회의원들이 숫자를 늘리는 것은 반드시 막아야 한다. 의원들의 전체 국가 인구가 증가하고 농어촌이나 지방의 대의성을 보장하기 위해서라고 핑계를 대며 의원

숫자를 늘리려 할 것이다.

이에 대해 '의원 세비 및 비용 상한제'를 적용시킬 필요가 있다. 간단히 말해 국회의원 세비, 보좌관 월급, 사무실 경비에 1인당 연 10억원씩 3,000억원이 지출된다면 의원 숫자를 얼마로 늘리던 3,000억원 이내에서 세비, 경비 등 모든 것을 해결하라는 것이다. 늘어나는 의원정수 만큼 각 의원들이 비례적으로 받는 혜택이 줄어들게 하면 되는 것이다. 이 방식대로라면 만약 의원이 2배가 늘면 의원들의 대우는 반으로 줄어들게 되는 것이다.

둘째, 300명 비례대표 의원을 줄이고 지역구 숫자를 늘려 문제를 해결하려 할 수 있다. 사실 현행 비례대표 제도는 애초 취지인 소외계층과 정치 사회적 약자, 전문성 보강이라는 명분과 많이 동떨어져 있다. 비례대표 선정 자체가 계파보스나 정당리더에 충성을 바치는 자들이거나 재력가들에 대부분 할당되고 가뭄에 콩나듯 장애인, 청년층 등에 몇 석 할당되지만 이들의 자질 또한 여러 사건에서 이미 어느 수준인지 입증되었다. 또 각 분야 전문성을 보여 주기보다는 오히려 업계 로비 집단으로 전락해가는 측면이 더 부각되고 있다.

이럴 바에야 차라리 현행 전국구를 극히 일부만 빼고는 '권역별 정당명부 비례대표제'로 활용하는 것이 더 나을 수 있다. 즉, 각도별로 득표율에 따라 사전에 각 정당이 고시한 권역별 비례대표가 선출되는 방식이다. 이 때 지자체 선거처럼 지역구외에 권역별로 비례대표에 대해 별도의 투표를 하게 하면 된다. 예를 들어 부산에 5명의 권역별 비례대표가 할당되었고 선거 결과 새누리가 60%, 새정치연합이 40%를 득표했다면 새누리 비례대표 3석, 새정치연합 2석으로 돌아가는 방식이다. 이런 경우 영호남에서 교차로 지역전당에서 탈피한 상대당 권역별 비례대표 의원이 탄생할 수 있다. 그리고 각 정당은 보스에 맹종하는 사람이 아니라 좀 더 나은 인물들을 선출하게 될 것이다.

셋째, 선거구 획정의 주체가 누가 될 것인가 하는 문제인데 현행대로면 '선거구 획정 위원회'가 1명의 위원으로 있지만 자문역할에 불과하기에 실제로는 여야 의원으로 선거법 개정 특위에서 다 결정하게 되어있다. 선수가 룰까지 직접 다 정하는 모양새이거나 고양이가 생선을 지키는 격이다. 선거구의 획정은 국민 정부 대표가 나선 민관으로 구성된 별도의 획정 위원회에서 결정한 안건을 국회가 표결처리만 하게 해야 한다. 이 경우 국회가 부결할 경우 그 속내를 낱낱이 국민에게 드러내는 격이 될 것이다.

마지막으로 언론들은 눈앞에 불똥이 떨어진 선거구 문제가 국회발 개헌 이슈를 삼켜버릴 것이라고 말하는데 내 생각은 이와는 다르다. 새누리당 김무성 대표가 상하이에서 오스트리아식 이원집정부제 개헌을 주장할 때 중대 선거구로의 개편을 같이 주장한 것을 감안하면 답이 나온다. 여야의 대표적 분권개헌론자들은 헌재의 판결을 어느 정도 예측하고 있었다고 본다. 결국 여야의 계파보스나 차기 잠룡들은 이원집정부제 개헌으로 대통령, 총리, 장관들을 나눠먹고 의원들에게는 헌재 판결을 핑계로 중대선거구제로 선거구제도를 바꾸어 현역일수록 중진일수록 재당선이 쉽게 만드는 미끼를 던져주는 것이다. 결국 두 날개 중 한쪽은 이원집정부제 개헌, 다른 한쪽은 중대선거구제로 개헌 판을 키우자는 것이 여야 개헌론자들의 내밀한 속셈이다. 한마디로 꿩 먹고 알 먹고 식인 것이다.

국회의원들은 어떤 상황에서도 손해 볼 생각은 하지 않는다.

6.

국회의 조직과 의사절차

국회의 조직

의회주의에 따라 국가의사 결정을 국회가 하고 있다. 의회주의는 정치원리의 하나로서 주권자인 국민에 의해 선출된 의원들로 구성된 합의제 대표기관인 의회가 의사결정을 하는 중심기관이 되어야한다는 것이다. 의회는 기본적으로 합의제 기관으로서 토론과 타협을 통해 의사를 결정해야 한다. 그러나 지금의 국회는 이런 공론화과정이 없어지고 정당의 의사가 결집되어 결정하는 정당국가화가 이루어지고 있다. 국회에서의 대립과 갈등이 심화되어 다수파가 독주하고 있고 이를 막을 방법도 없다. 우리 의회는 민선의원으로 구성된 하나의 합의체로 단원제 의회를 채택하고 있는데 단원제에서는 졸속입법과 다수 혹은 소수의 횡포가 문제가 된다.

원래 단원제는 양원으로 나누어져 의견이 불일치될 가능성이 적어지고, 의회의 숫자가 적어 의회운영비가 적게 드는 것이 장점이다. 또한 국회의 주요기능 중 하나인 대정부 견제기능이 양원제보다 강한 것이 특징이다. 반면 미국과 같이 상원, 하원이 나눠진 양원제에서는 의안 처리에 하원과 상원을 거쳐서 가기에 신중을 기할 수 있다. 그리고 졸속입법과 다수, 소수의 횡포를 막을 수 있는데 기본적으로 의안 처리에 기회가 2번이 있다고 보기 때문이다. 또한 하원이나 상원이 정부와 충돌하게 될 경우 다른 한쪽의 의원이 중재의 역할을 할 수 있으며 지역이나 직능대표[1]의 원리를 도입할 수가 있다. 그러나 양원제는 비용이 많이 들고 가뜩이나 갈등이나 분쟁이 일어나 국회가 제대로 운영되지 못하는 우리에게는 더 분쟁의 소지만 키울 수 있다.

또한 사실상 대의제의 원리에 따라 의원들은 각계각층의 국민들을 대표해야 하지만 지금의 국회의 모습은 국민과의 동질성을 상실하며 계층, 세대, 지역 등 여러 가지 요소로 갈기갈기 분열되었다. 선거도 인물선택이 아닌 정당에 대한 신임투표로 변화했다. 이는 악순환구조를 만드는데, 정당에 대한 맹목적인 투표는 정당의 공천시 객관적인 인물에 대한 검토를 약화하고 공정한 공천을 방해하는 요소가 되고 있다. 특정 지역구에서는 유리한 당에 공천만 받으면 당선이 확실시 되는 경우가 있기에, 그런 지역구는 선거보다는 공천과정이 더 치열하다. 그런 공천과정에서 부정부패가 발생할 소지는 크며 만약 그렇게 된다면 그런 식으로 당선된 국회의원들이 제 역할을 할리 만무하다. 국민들도 이를 알고 맹목적인 정당신임투표를 해서는 안 될 것이다.

국회의 조직에는 의장, 부의장, 위원회, 교섭단체 등이 있는데 각 조직의 기본 소속 단위는 당연히 국회의원이다. 국회의장은 국회를 대표하고 의사를 정리하고, 질서를 유지 감독하는 업무를 맡고 있다. 국회부의장은 국회의장을 보좌하고 의장이 없을 경우 의장이 하는 일은 대신하는 역할을 하고 있다. 이 국회의장과 부의장의 임기는 2년으로 동일하며 예외적으로 보궐선거에 의하여 당선되었을 때는 전임자가 하고 남은 임기 동안만 활동이 가능하다. 의장, 부의장 둘 다 국회에서 무기명투표로 선출되는데 항상 이들 국회의장단 선출을 놓고 여야가 진통을 겪었다. 1994년 6월 국회의장단 임기를 정한 국회법이 개정된 이후 19대 국회에서 후반기 국회의장으로 정의화 의원을 선출한 것이 제 날짜를 맞춘 사례로 유일하다. 이전에는 전임 국회의장단의 임기가 끝나고 나서도 국회의장단을 새로 선출하지 못해 공백기간이 발생했다. 그러다보니 정의화 국회의장은 당선인사에서 "후반기 의장이 전반기 의장 임기가 끝나기 전에 선출된 것은 국회법 관련 규정이 생긴 후 20년 만에 처음"이라고 소감을 밝힌 것이다.

하지만 이번처럼 공백기간 없이 국회의장단을 뽑은 데에도 이유가 있다. 국회선진화법의 도입으로 인해 국회의장의 막강한 권한이던 '직권상정'제도가 무의미해졌기 때문이다. 그래서 이전과 같이 국회의장을 하려고 하는 이유가 줄어든 것이다. 이전에는 국회의장이 가진 권한 때문에 국회의장단 선출에 다툼이 있었고 이로 인해 상임위원장 선출도 늦어지면서 원구성자체가 늦어지는 경우가 비일비재하였다. 제18대 국회는 개원 당시 민주당이 촛불시위대의 눈치를 보느라 등원을 거부하는 바람에 의장단 선출은 임기 시작 후 35일 만에, 원구성은 89일 되어서야 마쳤다. 16대 때에도 양당 모두가 의장확보를 목표로 하고, 핵심 상임위원장을 확보해야 한다고 주장하여 공백기간이 생겼다. 결국에는 싸울만한 이득이 있는 자리였을때는 제대로 선출한 적이 없는 것이다.

국회의장에 대한 중요성만큼이나 여야당이 목을 거는 것은 위원회 구성이다. 어찌보면 국회의장의 경우 보통 다선의원들이 추대되는 것이 관행이라 국회의원 전부에게 기회가 있는 자리는 아니다. 정의화 국회의장이 선출될 당시에도 새누리당 내부에서는 최다선인 7선 의원인 서청원, 정몽준 의원, 6선 이인제 의원 등이 유력후보였다. 그렇지만 서청원, 이인제 의원은 당권에 정몽준 의원은 서울시장에 목표가 있어서 국회의장에 눈길을 주지 않았다. 그래서 5선의 정의화 의원이 거론되었다. 이처럼 국회의장은 무기명 투표라고 국회법은 정해져있지만 현실에서는 최다선 의원이 하는 것이기에 국회의장을 차지하려는 것은 일부 의원들에게만 중요한 일이 될 수 있다.

하지만 위원회의 경우 국회의원은 한 곳에 소속되어야 하기에 이에 대해 민감하게 반응하게 된다. 국회의 최종의사결정은 본회의에서 국회의원들의 투표로 이루어지는 것은 맞으나 실질적으로 모든 의안이 본회의에서 심도있게 다룰 수가 없다. 그래서 소수의 의원들로 구성된 위원회에서 사전적, 예비적 심사를 하는 것인데 이는 능률성, 전문성을 확보하기 위한 방안으로 볼 수 있다. 그래서 위원회에서 통과된 법률의 경우 본회의에서도 거의 통과되는 것을 볼 수 있다. 그래서 어떤 위원회에 소속되느냐, 더 나아가서는 핵심적인 위원회에 어느 당이 위원장을 내느냐에 대해서 여야가 더 다투게 된다.

다음으로 국회에는 교섭단체가 있는데 이는 같은 정당 소속의원들로 구성된 원내정치단체이다. 소속의원이 20인 이상이면 원내교섭단체를 구성할 수 있고 이 교섭단체의 대표를 원내대표라고 부른다. 국회법 제33조 1항에 따르면 국회에 20인 이상의 소속의원을 가진 정당은 하나의 교섭단체가 된다고 명문화되어있다. 교섭단체는 국회 5분 자유 발언자 비율을 정할 때 기준이 되고 상임, 특별 위원회 구성에도 이 교섭단체의 소속의원수에 따라 국회의장이 선임하도록 되어있다. 또한 국회 의사일정을 정하는 것, 국회에서의 발언 시간까지 교섭단체를 통해 협의로 정할 수가 있다. 예산결산특별위원회, 윤리심사자문위원회, 인사청문특별위원회 등을 구성하는데 인물을 추천하거나 참여할 수 있다. 교섭단체를 통해 상임위나 본회의에서 당의 입장을 더 비중 있게 발언하고 참여함으로써 교섭단체 구성은 정치력을 좌우하는 매우 중요한 일이다.

그래서 대개 교섭단체를 구성하려고 하는데 의석수를 많이 가지는 대규모 정당들은 20인을 채우는 것에 문제가 없지만 그렇지 않은 군소정당은 자신들의 당원만 가지고는 이를 채우기 어렵다. 과거 1963년인 6대 국회 때 삼민회라고 하여 민주당 13석, 자유민주당 9석, 국민의 당 6석으로 만든 교섭단체도 있었다. 가장 최근에는 18대 국회에서 '선진과 창조의 모임'으로 자유선진당 18석, 창조한국당 2석으로 교섭단체를 만들기도 했다. 이렇게 서로 다른 정당에서 인원을 맞춰서라도 교섭단체를 구성했던 경우도 있지만 심지어는 '의원 빌려주기'식으로 당적을 옮겨 20인을 맞추려 했던 경우도 있다. 16대 국회 때 충청지역을 기반으로 하면서 17석을 획득해서 20석에 3명이 모자랐던 자유민주연합이 그 실제 사례이다. 부랴부랴 새천년민주당 소속 의원들을 영입해서 교섭단체를 구성했지만 구색을 맞추기 위해 급조되었다는 비판에 직면하였다.

이렇게 교섭단체를 만들려고 애를 쓰는 것은 정치력 강화도 목적이지만 금전적인 면도 무관하지 않다. 교섭단체는 국회법 제34조를 통해 입법활동을 보좌하는 교섭단체 정책연구위원을 둘 수가 있다. 그리고 교섭단체가 되면서 국고보조금을 우선적으로 지원받고 그 액수도 커지게 된다. 총액의 50%를 거대 양 정당이 우선 나눠 가지고 나머지 50%에서 양당을 포함한 모든 정당이 의원 수 비례로 나누어 가진다. 어마어마한 입법지원비도 나라에서 교섭단체에게 주는 혜택이다. 교섭단체를 통해 얻는 금전적인 혜택도 막대하기 때문에 일부에서는 교섭단체의 요건인 20석을 완화시키려는 목소리가 나오고 있다. 거대정당의 입장에서는 교섭단체의 요건이 20석이든 완화된 15석이든 별의미가 없기에 주로 군소정당에서 교섭단체 요건을 낮추어야 한다는 목소리가 나오고 있다.

우리의 법과 비슷한 대륙법계의 독일의 경우 양원제로 연방하원에서 교섭단체를 중심으로 의정활동이 이루어진다. 연방하원의 교섭단체 구성요건은 전체 의석수의 5% 이상으로 이에 따르면 약 30명 정도가 필요하다. 우리 국회처럼 교섭단체가 되면 다양한 혜택이 주어지는데 다만 이런 혜택을 누리기 위한 결성에 대해서는 금지되고 있다. 그렇지만 독일 연방하원들 중에는 개인활동보다 교섭단체에 가입하는 경우가 더 많은데, 입법과정에 있어서의 대부분의 권한이 교섭단체에게 부여되기 때문이다. 개별의원이 본회의에서 토론하고 발언도 할 수는 있지만 교섭단체끼리 규칙을 통해 이를 제한할 수가 있다. 심지어 위원회에서는 교섭단체가 아닌 개인 의원에게는 표결권을 주지 않는다. 이러한 조치 때문에 의원들이 교섭단체에 속하려 하고 이것이 장려되고 있다.

반면 영미법계인 영국과 미국의 경우 교섭단체 구성에 대한 별도의 제한 규정이 없다. 영국에서도 우리처럼 기본적으로 정당을 중심으로 의정활동이 펼쳐지지만 2명이상 당선된 의원을 가진 정당은 모두 원내대표를 둘 수 있다. 북유럽 쪽은 의원이 1명만 있어도 교섭단체가 되는 경우도 있다.

국회의 의사원칙, 절차

국회가 의회주의를 통해 국민을 대변하는 기관으로서 역할을 하는 데에는 몇가지 원칙이 있다. 헌법 제 50조에 1항에 따르면 국회는 의사를 공개한다는 원칙이 있다. 이를 가르켜 의사공개의 원칙이라고 하는데 주권자인 국민의 대표들이 과연 제대로 의정활동을 하는지 국민이 감시할 수 있게 만든 제도이다. 국회 홈페이지를 찾아가면 인터넷으로 의사를 실시간 중계하기도 하고 기록하였던 것을 공개하기도 한다. 회의록 시스템[3]이 있어 회의의 시작에서 끝까지 모든 의사에 관한 발언을 속기로 기록하고 이것을 공개하도록 되어있다. 따라서 국민들이 원한다면 특정시일에

한 본회의, 특정 국회의원의 발언 내용을 확인할 수 있는 것이다.

하지만 이런 공개의 원칙도 예외가 있어 출석의원의 과반수의 찬성과 국회의장이 국가의 안전보장을 위해 필요하다고 인정할 때 공개하지 않을 수 있다. 본회의도 의장의 제의 또는 의원 10인 이상의 연서에 의한 동의로 본회의의 의결이 있거나 의장이 각 교섭단체대표의원과 협의하여 국가의 안전보장을 위하여 필요하다고 인정할 때에는 비공개할 수 있다. 일부 국가에서는 아예 국회에서 하는 발언을 공개하지 않는 경우도 있는데 이는 의원이 국회에서 인기를 의식한 발언 등을 할 수 있기 때문이다. 하지만 거의 모든 나라가 의사공개의 원칙을 인정하고 있어 나라의 대소사에 대해 공개토론을 할 것을 원칙으로 하고 있다.

다른 원칙으로는 회기계속의 원칙이 있다. 법률안과 기타 의안이 회기 중에 의결되지 못한 이유로 폐기되지 않는다는 원칙이다. 이 원칙을 두고 대부분의 사람들은 "무슨 말이냐, 법안이 폐기되고 있는데?"라고 의문을 던질 것이다. 그러한 지적이 맞다. 헌법상으로는 회기계속의 원칙이 정해져 있지만 실제로는 회기불계속이 되고 있다. 왜냐하면 이 회기계속의 원칙이 가리키는 것은 다음 회기에도 계속 심의할 수 있다는 것이지 국회의원의 임기가 만료되어 새로운 국회가 출발할 때에도 적용될 수 있는 것이 아니다. 결론적으로 국회의원의 임기와 함께 법률안과 의안들은 폐기되게 된다. 다만 한번 부결된 안건에 대해서는 같은 회기 중에는 다시 발의 또는 제출하지 못하도록 되어있다.[4] 이는 국회 회의 진행을 원만하게 하기 위해 마련된 것이지만 동 회기내에서만 적용되기 때문에 다음 회기에 다시 안건을 제출해도 무방하다. 그러나 매번 선거로 국회의원을 선출할 때마다 통과되지 못한 채 쓰레기가 되는 법률안은 너무나도 많다. 이렇게 폐기되는 법안에 대해서는 차후 더 자세하게 살펴보고자 한다.

다음으로는 국회의 의사절차 즉, 어떻게 입법이 되는지 그 절차를 간단히 보면 ①의안발의, ②소관상임위원회에 회부하여 본회의로 갈지 심사, ③본회의에서 질의·토론을 거쳐 ④표결로 마무리되어진다. 이런 일련의 과정을 통해서 법률이 탄생하게 되는 것인데, 물론 정부에서 내는 법안의 경우 위의 절차와 다른 방식으로 만들어진다. 여기서는 국회의원들의 활동만을 이야기함으로 국회에서 발의하는 입법과정에 초점을 맞추고자 한다.

먼저 의안이 발의되는 과정을 보면 원칙적으로는 10인 이상의 찬성이 있어야 의안이 발의될 수 있다. 대신 의안이 발의되어서 소관상임위원회에 회부되어 심사를 받게 됨으로 위원회에서 그 소관에 관해 의안을 제출하는 경우에는 10인 이상의 찬성을 받을 필요가 없다. 단 그 위원회에서 발의한 의안은 발의한 당사자인 위원회로 회부되지 않는다. 만약 발의한 위원회와 검토할 위원회가 같아지게 되면 법안에 대해 객관적인 검토가 이루어지지 않는다고 보는 것이다. 의안의 발의는 휴회기간이나 폐회중에도 제출

범죄수익은닉의 규제 및 처벌 등에 관한 법률 일부개정법률안

(김재원의원 대표발의)

의 안 번 호	10762

발의연월일 : 2014. 5. 28.

발 의 자 : 김재원 · 류지영 · 이만우 김태원 · 안홍준 · 강은희 김현숙 · 윤영석 · 윤명희 최봉홍 의원(10인)

제안이유 및 주요내용

근래 세월호 사건에서 보듯이 실질적으로 선주회사를 운영하는 유병언 회장에 대해서 범죄수익을 몰수·추징하고자 하나 그 재산의 상당부분이 자식 등에게 상속·증여되어 있음에도 「범죄수익은닉의 규제 및 처벌 등에 관한 법률」에서는 이러한 상속·증여에 의해 범죄수익이 자식 등에게 귀속되어 있더라도 이를 받은 사람이 그 재산이 범죄에 의한 재산임을 알지 못한 경우에는 몰수·추징할 수 없도록 하고 있어 그 실효성에 문제가 있으므로 이러한 문제점을 해결하기 위해서 몰수의 대상이 되는 재산에 자식 등에게 상속·증여된 재산을 포함시킴(안 제9조제2항 신설).

한편 현행 범죄수익 등의 은닉·가장의 범죄를 저지른 사람에게 5년 이하의 징역에 처하도록 하고 있는바, 그 죄질에 비해 처벌이 경미하므로 그 형량을 10년 이하로 강화하고, 이에 맞추어 예비하거나 음모

- 1 -

일명 '유병언 법'으로 불려지는 범죄수익은닉의 규제 및 처벌 등에 관한 법률 일부개정법률안의 의안

할 수 있다. 발의된 의안안에는 그 의안을 발의한 이유에 대해서 써야 하고 찬성한 사람의 명단과 함께 적어서 제출해야 된다. 또한 법안 발의를 할 때 예산, 금액 확보가 필요한 것을 발의하려고 할 때에는 예상되는 금액의 양도 적어서 내야한다.

의안의 내용은 그 어떠한 내용이 들어가도 상관없으나 원칙적으로 의안 발의를 어렵게 한 것도 있다. 예를 들어 국회의원들의 권한 중 하나인 탄핵소추안과 헌법개정안, 국무총리·국무위원 해임건의안 등이 그것이다. 이들의 경우 법률상으로 재적의원의 3분의 1이 찬성하는 경우 발의할 수 있는 등 기존의 10명보다 훨씬 더 많은 정족수를 요구로 한다. 그만큼 발의되는 내용이 상당한 영향력을 가지고 있기에 함부러 발의할 수 없게끔 만들어 놓은 장치이다.

이렇게 법안이 발의가 되면 소관상임위원회로 넘어가게 되는데 여기서 각 전문위원들이 그 내용을 검토하고 토론을 하며 찬반토론을 거쳐서 표결을 한다. 때로는 넘어온 의안이 소관상임위에 해당하지 않는다고 판단할 때가 있는데 이럴 때에는 그 이유와 의견을 제시하여 다른 위원회에 제시한다. 이렇게 각 법안에 대해서 맞는 소관상임위원회로 넘어오게 되면 대체토론을 거쳐 소위원회로 회부하고 이를 표결로서 본회의로 넘길지를 결정한다. 그리고 본회의로 넘어온 법안은 국회의원들이 최종적으로 표결로서 법안이 될 것인지를 결정한다. 본회의에서도 표결까지 가는 절차는 여러 단계가 있어 어떤 안건에 대한 지속적인 견제와 심사숙고할 수 있는 기회가 주어진다.

문제는 이런 단계들이 애초 가지고 있는 심사숙고의 기회를 제대로 이용하지 않고 도리어 날치기로 입법되는 경우 혹은 수년째 처리하지 않는 안건들이 늘어나고 있는 것이다. 양쪽으로 극단적인 경우가 발생하는 것인데 들쑥날쑥한 이런 처리는 법으로서 정한 입법절차를 무색하게 만들고 있다. 사회적인 이슈로 크게 부각되면서 법 제정에 공감이 커지면 짧은 시간안에 이견없이 처리가 되고, 그렇지 않은 경우는 투명한 공기인 양 존재감 없이 있다가 폐기되고 만다.

7.

국회의원은 어떻게 되는가?

한국의 국회의원이 되는 것은 사시, 행시 등을 통과해 판검사 변호사 등 법조인, 고위관료가 되거나 유학을 가서 좋은 대학을 나온 박사출신 교수, 학자이거나 언론인, 장군, 기업인, 개인 재력가 등이 대부분이다. 과거처럼 비서관, 보좌관, 당료 출신으로 정치권에서 충원되는 케이스는 점점 줄어들고 있다. 그 외에 지역토호, 지자체 의원 및 지자체 단체장을 거쳐 의원이 되는 경우가 다소 늘어나고 있다.

여권은 대체로 상기한 법조인, 관료, 교수 출신이 많고 야권에는 486 운동권, 재야 사회단체 출신이 다수가 있다. 이들은 재야에서 야당 내부에 연결된 이너서클을 통해 충원되어져 왔고, 대체로 강경한 이념적 성향을 가지고 있다. 원래 직능 대표격인 비례대표위원은 여권은 재력가나 법조인, 관료, 교수, 학자들의 상류기득권 층의 잔치가 되어 있고, 야권은 운동권 출신이나 투쟁성향에 있어 충성도가 높은 출신들에게 돌아가고 있다. 대체로 여야 정당의 계파 보스에게 줄서지 않고는 공천을 받기가 거의 불가능하다. 때때로 외부 영입모양을 띠고 보궐선거나 총선에서 뉴페이스로 등장하는 정치 신인들도 알고 보면 여야 각 정당의 계파보스에게 오랫동안 물밑에서 연결된 인물들이 대부분이다.

과거 군사정권이나 YS, DJ 등 카리스마가 있는 제왕적 총재시절 정치권이 하향식으로 그나마 30% 안팎의 순수한 정치 신인이나 전문가 등으로 물갈이가 쉽게 되었다. 돈이 없지만 능력 있는 정치신인에게도 선거자금까지 내어주며 정치를 할 수 있도록 뒤를 봐준 것이다. 그런데 제왕적 보스가 낙점하는 방식이 아닌 상향식 공천제도 오픈프라이머니식 협상제도가 도입되면서 사실상 각 정당 지역구 국회의원 후보를 결정하는 방식이 여론조사와 동원 경선으로 변질되었다. 이론이나 논리상으로 보면 지역구에서 바닥부터 오래 다진 사람이 국회의원이 되는 것이 맞다. 그러나 미국이나 유럽처럼 정당에 충성도가 높고 당비를 자발적으로 내는 진성당원이 거의 없고, 정당 시스템 안에서 사람을 걸러내는 전통이 전무한 한국 현실에서는 무한한 시간과 돈의 소비가 요구되는 일이다.

이는 특정 지역구에 재력을 갖추고 수년씩 갈고 닦은 사람만이 이길 수 있는 시스템이다. 참신한 정치신인이나 전문가, 사회개혁을 할 수 있는 사명감을 가진 사람 중 누가 이런 경쟁에서 이길 수 있겠는가? 결국 지역주민에 인지도가 높도록 경조사 행사에 부지런히 얼굴을 내밀고, 돈을 쓴 사람만이 이길 수 있는 구조가 진정한 정치개혁인지 의문이다.

현재 여야정당이 추구하는 국회의원 배출통로는 관료, 법조인, 교수, 학자 출신으로 커리어가 좋거나 보스에 줄서기, 재력 갖추기, 지역 토호가 되기, 이념적 운동권 네트워크에 충실하기 외에는 다른 대안이 없다.

여야 공천자 명단으로 보는 국회의원의 출신

국회의원이 되는 코스를 보다보면 자연스럽게 국회의원들의 출신 직업들을 예상할 수 있다. 19대 국회의원을 뽑았던 2012년 4.11총선을 되돌아보면 여야가 각자 공천한 인물들 중 정당인(직업정치인) 다음으로 가장 많은 직업군은 법조인이었다. 이전에도 법조인의 공천비율은 가장 높았고 어김없이 2012년에도 새누리당과 민주통합당에서는 많은 법조인 출신들을 공천하였다. 새누리당은 일반관료출신을 영입한 비율이 많이 늘어나서 상대적으로 전보다는(2008년 총선 공천 시 56명이 법조인) 법조인 출신의 공천비율은 줄었지만(37명), 민주통합당은 법조인 비율이 더 늘었다. 원래 '법

	새누리당 (231명)	민주통합당 (209명)
공무원	42명	12명
법조계	39명	31명
학계-연구계	21명	14명
언론계	17명	18명

직군별 2012총선 여야 공천자 수

조당'이라고 하여 법조인 출신들이 많이 구성된 당을 비유하는 말도 이제는 민주당에게도 붙일 수 있을 정도이다. 검찰을 개혁하기 위해서 대거로 법조인을 공천했다고 하는데, 대신 시민운동가 출신들이 많이 영입되어 당의 특색을 보여주었다.

그 외의 직군들로는 교수, 교사, 연구원 등으로 교육계에 속한 사람들과 언론계, 지방의원이 더 큰 국회의원으로 도전하는 경우가 있었으며 드물게 기업인과 회사원 출신이 있었다. 그렇지만 대부분의 공천자가 기존 정치인 출신과 정당인, 법조계에 몰려있는 것은 양당에서 확인할 수 있었다. 개혁을 외치지만 정작 내용을 살펴보면 참신함과 거리가 멀다. 대대적인 현역 물갈이를 말해도 항상 절반 가까이는 현역들 중에서 공천을 한다. 새로운 피를 수혈하며 쇄신하는 모습을 보이겠다고 해도 기존의 현역들의 입김을 무시하기 어려울 것이며 경쟁력 있는 인사를 찾는 것도 오랜 시간을 거치며 여러 방면으로 검토하는 과정이 필요하다.

선거가 미리 예정되어 있는 만큼 새로운 피가 필요하다면 얼마든지 미리 대비할 수 있음에도 당차원에서 새로운 인재 발굴에 대해서 너무 안이하게 대처하고 있다.

특히 항상 양당에서 강조하는 젊은층에 대한 배려, 여성 공천에 대해서도 약속과 달리 잘 이루어지지 않았다. 새누리당에서 2012때 공천을 받은 20~30대는 3명뿐이다. 새누리당의 지역구 공천자의 평균연령은 55.5세로 당의 주력 의원층도 50대이다. 50대를 뒤이어서는 60대가 공천자의 약 28%를 차지했다. 인구비례에 맞추어서 공천을 준다고 하더라도 20대는 약 15%, 30대는 20%정도를 차지해야하는데 이에 턱없이 모자르다. 비례대표에서는 아예 20대는 배제해 젊은층은 공천받기가 더 어려웠다. 여성을 공천한 경우도 전체의 약 7%뿐이다. 민주당은 그나마 여성 공천 15%를 보장하겠다고 공언을 해서인지 전체의 10%로 새누리당보다 조금 더 많았다. 후보자들의 평균연령도 53.1세로 새누리당보다 조금 적은 수준인데 이 또한 주력 의원들이 50대이기 때문이다. 마찬가지로 젊은 층의 목소리를 듣겠다고 했지만 4명만 공천을 받았다. 제일 나이가 어렸던 후보가 38세의 '나는 꼼수다'로 알려진 김용민 씨(서울 노원갑)였다.

출신 학교의 쏠림현상도 계속되고 있다. SKY그룹은 여전히 공고하게 유지되어 새누리당의 경우 SKY만 합쳐도 전체 공천자의 약 49%가 되었다. 공천자가 아닌 19대 국회의원 당선자들로 분

대학교	당선자 수
서울대	79명
고려대	26명
연세대	24명
성균관대	21명
이화여대	12명
중앙대	9명
전남대, 한양대, 건국대	각 7명씩
부산대, 한국외대, 육사, 경북대, 경희대, 동국대	각 6명씩

19대 당선자 출신 대학

석해도 SKY는 전체의 43%인 129명이나 된다. 18대 때 SKY그룹의 위세는 더 대단했는데 158명이나 되었다. 게다가 SKY중에 서울대만 해도 110명으로 서울대에 대한 쏠림형상은 너무나도 강했다. 오죽하면 공천이 되려면 서울대에 나온 53세의 비경기권 출신 남자이어야 한다는 말까지 나올까.

문재인, 박원순, 이정희, 이회창, 홍준표, 나경원, 오세훈 등 대중들에게 이름이 잘 알려진 국회의원들의 대다수가 사법고시 혹은 행정, 입법고시와 같은 어려운 시험에 합격하여 사회의 상류층에 있었던 사람들이다. 정치는 진보와 보수로 나누어 하지만 그 속에는 이미 많은 법조인들과 행정부 소속이었던 엘리트들이 차지하고 있다. 전국의 판검사, 넓게는 변호사까지 합한다해도 우리나라 인구의 1%도 차지하지 않는 집단이 유독 국회의원에서 많은 비율을 차지하는 것은 무슨 까닭일까? 법조인들을 새로 영입하여 공천하는 데에는 전략공천과 같이 공을 들여서 앞다투어 모셔오고 비례대표에도 안정권 순번을 주며 국민을 대변하라고 하지만, 예술·광공업·농·수산 출신자에서는 공천이라는 기회는 야박하기만 하다.

19대 총선 직업 단위(명)

	후보자	당선자
국회의원	169	108
정치인	294	77
농축산업	11	1
상업	14	0
광공업	1	1
운수업	1	0
수산업	1	0
건설업	10	1
언론인	4	0
금융업	1	0
약사의사	8	1
변호사	60	19
종교인	3	0
회사원	25	2
교육자	78	15
정보통신업	4	1
무직	20	0
기타	198	20

법조인에 비해 다른 직업군은 공천의 기회가 적다보니 당선되는 국회의원들도 적다. 인구의 1%도 차지하지 않는 사람들이 2012년 총선으로 19명이나 국민의 대표로 당선되었다. 246명의 당선인 중 약 13%로 차지한다. 단순 계산으로도 몇 배 이상이나 과잉 대표가 되는지 알 수 있다. 17대 총선 때에는 법조인이 28명, 18대 23명으로 꾸준히 당선되고 있다. 국회가 하는 입법과정에서 법률적인 지식이 필요하니 법의 전문가들인 법조인들의 국회 진출도 어느정도 이유가 있다. 그러나 입법과정은 법만 알아서는 되는 것이 아니라는 것은 현직 국회의원들이 더 잘 알 것이다. 그 많은 보좌진들은 다 무엇 때문에 필요하겠는가?

이런 현상의 이면에는 공천을 중앙집권적으로 하는 시스템 상의 문제도 있지만 결과적으로 법조인을 선호하는 국민들의 성향과도 관련이 있다. 공천과정이 완전 경선체제가 된다면 정치권에 연이 없던 법조인들은 갑작스럽게 치뤄야 할 경선에 준비되지 않아 지금처럼 많이 공천을 받을 수가 없을 것이다. 그러나 중앙집권적인 공천이라도 유권자인 국민이 뽑아주지 않는다면 의미가 없다. 국민들의 마음속에는 아직도 국회의원이 특권층이라는 인식과 함께 이들을 엘리트로 뽑아야 한다는 것이 강하게 남아있는 것이다. '보통이 아닌 사람들이라면 머리도 좋고, 전문성도 있어야 안전하지 않을까?'라는 생각이 많다는 것이다. 사실 판검사, 변호사로서 어떤 일을 해온 것과 정치적으로 검증 받는 것과는 별개인데 말이다.

이런 일종의 환상이 앞서 언급한 SKY편중현상과도 맞물려 있다. 좋은 학벌을 가진 사람들이 정치를 할 자격이 있다는 생각은 생각보다 공고하다. 물론 법조인 출신들이기 때문에 이유를 막론하고 비판해야 하는 것은 아니다. 정치권이 오늘날 국민들에게 비판을 받는 것은 국민의 삶과 바람에 역행하는 것이 많기 때문이다. 다만 3권 분립의 원칙으로 입법과 사법을 분리시켜 놓았는데 굳이 사법권을 행사하던 분들을 대거 모셔올 필요가 있는지 의문이다. 서로가 잘 알고 있는 사이에서 견제나 감시의 역할이 이루어질 수 있을까? 또한 다양한 계층과 직업군에서 국민을 대표하는 사람들이 뽑혀야 민의가 제대로 실현될 수 있지 않을까? 정치에서 법조인의 장점도 있지만 분명한 것은 그 한계도 있다. 과유불급. 모든지 넘치면 모자란 것과 같다.

국회의원의 재산 규모

앞서 과유불급이라고 했다. 그런데 정치인들에게 과유불급이 아닌 넘쳐도 좋고 더 많이 넘칠수록 좋은 것이 있다. 바로 돈, 써도 써도 모자르기에 넘쳐나는 재산이 소원일 것이다. 신기하게도 국회의원에 대한 엘리트 계층의 인식이 있는 것처럼 국회의원들은 재산에 있어서도 상위계층이었다.

19대 국회의원들이 2013년에 신고한 평균재산액수는 약 18억원이다. 2014년 기준 4인 가구의 중위소득(국민전체 가구를 소득수준으로 나란히 세웠을 때 한가운데 있는 가구 소득)은 월 404만원이다. 월 404만원을 하나도 안 쓰고 몽땅 저축만해도 18억원을 모으려면 37년 이

정몽준	안철수	김세연	박덕흠	윤상현	강석호	김무성	정의화	심윤조	장병완
2조 430억	1,569억	985억	539억	177억	163억	137억	102억	95억	82억

19대 국회의원 재산 상위 10인

상 걸린다. 국회의원들의 재산이 그만큼 상당히 많다는 것인데 이는 일부 엄청난 재산을 가진 의원4명을 제외한 평균 값이다. 국회의원 중 재산 상위 1위는 몇 년째 2조원대를 넘긴 정몽준 새누리당 의원이 차지하고 있고 그 다음은 초선의원인 안철수 새정치연합 의원이다. 안철수의원은 보안업체인 안랩의 최대주주로서 주식 값만으로 시가 1,400억원을 가지고 있고 그 외의 재산으로도 100억원 이상 가지고 있어 총 1,569억 원이다 (2013 신고당시 안랩 236만주 = 1,453억원).

전년도에 이어 3위에 랭크된 김세연 의원은 동일고무벨트의 대주주로 알려져있으며 보유주식이 773억원의 평가액을 기록하고 있다. 4위인 박덕흠 의원은 부동산 갑부로 알려져있으며 본인과 배우자 명의로 218억원의 토지와 50억원의 건물을 가지고 있는 것으로 기록되어 있다. 그 뒤로 윤상현, 강석호, 김무성, 정의화 의원이 100억원이 넘는 재산가로 이름을 올렸다. 10위권에 든 의원들 중 안철수, 장병완 의원만 새정치민주연합 소속이고 나머지는 새누리당 국회의원이다. 그러다보니 새누리당 의원들의 평균 재산은 23억9천만원이고 새정치연합은 평균 12억원으로 나타났다. 이 평균수치는 평균금액에 많은 영향을 줄 500억원 이상 자산가를 제외하고 낸 평균이다. (정몽준, 안철수, 김세연, 박덕흠 의원을 제외함)

이들 국회의원의 재산액수는 서민들이 보면 입이 쩍 벌어지는 액수인데 국회의원이 되기 전에 재산을 많이 형성한 경우도 있지만 국회의원이 되고나서 재산이 증가하는 경우가 많다. 국회의원 295명 중에 64%인 190명이 재산이 늘었고 그 중에는 10억원 이상 재산이 증가한 경우도 3명이나 있다. 반면에 거꾸로 10억원 이상 재산이 감소한 사람은 5명이 있다. 재산 증감에는 여러 가지 요인이 있겠지만 큰 액수가 달라지는 경우는 유가증권과 부동산의 평가가액의 변동으로 비롯된다. 애초 엄청난 액수의 유가증권이나 부동산이 없는 의원의 경우 상대적으로 큰 액수가 달라지지 않았다.

선수가 늘어날수록 평균재산도 높아지는 비례관계를 보이고 있어 국회의원을 하면 재산을 모을 수 있다는 것을 단적으로 보

	5천만원 미만	5천만~1억 미만	1억~5억 미만	5억~10억 미만	10억 이상
증가(190인)	58명	54명	68명	7명	3명
감소(105인)	39명	21명	34명	6명	5명

19대 국회의원 재산 증감 폭 (전체 295인)

여주고 있다. 초선의원들 평균 재산이 13억 6천만원이고 재선의원들은 20억 9천만원이다. 3선의원은 22억 5천만원이고 9명 밖에 없는 5선의원들의 평균 재산은 40억원으로 가장 많았다. 1년 사이에 증감액이 있어도 4년이 끝난 후에는 웃으면서 끝나는 국회의원들이 대다수이다. 또한 잊지 말아야 할 점은 이 신고액은 순전히 국회의원의 양심에 달려있다는 것이다. 다음 선거에 관심 없는 이상 국회의원이 끝나는 마당에 제대로 된 신고액을 보고할지 의문이다. 김미희 통합진보당 의원은 재산을 허위 신고하고 선거공보물에 기재하여 벌금형을 받기도 하였다. 다만 이 경우는 선거를 할 때 신고한 거라 선거법의 판단을 받지만 국회의원이 되고 나서는 고의로 신고를 누락했다 하더라도 솜방망이 처벌뿐이다.

통계를 보아도 확실한 것은 국회의원들은 서민과는 먼 계층이라는 것이다. 정확하게 말하면 국회의원이 될 때에도 서민이 아니었고 되고 난 후에도 더욱더 서민층은 아니다. 초선의원들도 10억원 이상의 자산가가 대부분이고 경력이 쌓일수록 그 재산은 늘어났다. 18대 국회의원 중 초선의원들의 평균 재산신고액은 31억 7천만원이었고 15대는 32억이었다. 잠시 주춤했던 17대에는 어땠을까? 11억 7천만원이다. 이것이 평균액수이다. 여기에는 보수와 진보의 액수차이는 있지만 모두 다 서민과는 멀다. 그래서 때때로 국민들은 서민의 삶을 모르는 국회의원들이 누굴 위해 정책을 내는 것인지 의아해하고 있다. 재산이 많다고 무조건 부정적인 시각으로 보자는 것이 아니다. 그들이 엘리트 층이 되기 위해서 보이지 않는 곳에서 노력한 것을 폄하하는 것이 아니다. 다만 국민을 위해 봉사하라고, 대표로 위임한 사람들이 평범한 국민들과 많은 시각 차이를 보이며 끝난 후에는 여타직업에서 보여주지 못하는 재산 순증가액을 기록하는 것에 불편한 시선을 던질 뿐이다.

8.

초호화 특권을 누리는 국회의원들

세월호 유가족의 대리운전 기사 폭행사건에서 국회의원의 특권이 한국사회에서 어느 정도인지 낱낱이 까발려졌다. 단순한 대리운전 호출 건에서 계약조건의 변동은 지불조건이 바뀌면 해결되는 문제이다. 이 건에서 대리운전기사의 황금 같은 시간을 지체시킨 해당 국회의원은 단돈 1~2만원만 더 주면 될 일을 "내가 누군지 아냐?"고 명함을 꺼내들었고 이런 행동에 불쾌감을 표시한 대리운전기사는 세월호 유가족 대책위 간부들에게 집단 폭행을 당했고 말리던 행인들도 맞았다. 그 의원은 신고를 받고 찾아온 경찰에게 "지구대로 가지 말고 경찰서 형사과로 가라."고 했다. 나아가 그 의원의 '빽' 때문인지 가해자는 진단서를 떼러 병원에 가고 피해자와 말리던 자들만 형사과로 끌려갔다.

통상 폭행이나 시비사건에 112신고를 받고 출동하면 현행범처럼 간주되어 순찰차에 태워 지구대로 데려가 1차 조사를 받고 해당 경찰서 형사과로 넘어가게 한다. 그래서 누가 때리고 맞았는지 그 흔적과 증거를 사후조작하지 못하게 확인하는 것이다. 그럼에도 시비를 촉발시킨 당사자인 해당 국회의원, 가해자들은 모두 현장에서 벗어났고 유가족 간부들은 이틀 후 '진단서'를 들고 쌍방폭행이라고 주장하고 나섰다. 현재까지 10여명의 목격자와 현장 CCTV, 목격자 사진들은 이 사건이 세월호 유가족 대책위 간부들의 일방폭행으로 드러내고 있다. 안전행정위 소속 위원이 없었다면 과연 가해자들이 곧바로 연행되지 않고 진단서 떼고 이틀 뒤에나 나타나는 것이 가능했을까? 피해자들만 새벽까지 4시간이나 조사하고 가해자들은 '개구멍'으로 몰래 경찰에 출두했다가 언론의 항의에 다시 포토라인에 서는 일이 가능하게 되는 것이 국회의원 특권인가?

경찰이 현장 주변 블랙박스 자료 수집 후 별것 없다며 주인이 돌려달란다고 곧바로 돌려준 경위도 석연찮기 짝이 없다. 차주인은 처음에 "야당 의원실에서 전화 와서 돌려받으라고 해서 곧바로 돌려달라 했다."가 나중에는 귀찮을 것 같아 자기가 지어낸 말이라고 변명한 것인지 모른다. 경찰은 뒤늦게서야 압수영장을 통해 압수한 뒤 블랙박스 자료의 복구여부는 불투명하다고 말하고 있다. 의원의 눈치를 보던 소신 없던 경찰은 여론의 뭇매를 맞고 9월 20일에야 해당의원의 경찰 출두를 24일로 요구했고 해당의원은 23일 저녁 일방적으로 기습 출두했다.

이 폭행사건은 대한민국에서 국회의원의 특권이 구체적 사건에서 얼마나 영향력을 미치는지 여실히 보여준 증거이다. 국회의원의 특권은 법으로 보장되어 있는 것보다 실제 현실에서 매우 다양한 형태로 강력하게 발휘된다. 국회의원이 되면 여러 가지 특권이 있다. 온라인상에서는 이를 가리켜 국회의원의 200가지

특권이라며 너무 많은 특혜에 대한 비판이 일고 있다. 그런 비판이 나올만한 이유는 현재 국회의원들이 가진 특권을 자세하게 살펴보면 알 수 있다.

국회의원의 급여

기본적으로 국회의원이 받는 돈은 수당이다. 수당을 세비라고도 부르는데 '국회의원의 직무활동과 품위유지를 위해 지급하는 보수'로서 국회의원 수당 등에 관한 법률에 근거하여 세비를 지급받는다. 매달 지급되는 일반수당이 646만원이다. 여기에 입법활동비, 관리업무수당, 정액급식비, 상여금등 국회의원이 공식적으로 받는 금액은 1,031만원으로 훌쩍 뛴다. 한 달에 1,000만원을 넘는 금액을 받는 직업이 대한민국에 몇이나 있을까 생각해보면 국회의원이 굉장히 많은 액수를 받음을 알 수 있다. 2014년 6월 상용근로자 5인 이상 사업체의 근로자 1인당 월 평균 임금총액은

310만9,000원이었다.

이렇게 국회의원이 엄청난 액수를 받는 이유는 국회의원이 수당을 스스로 결정하기 때문이다. 세비의 전체적인 규정의 틀은 법률로 정해져 있지만 세부적인 액수 등 구체적인 내용은 규칙 등으로 위임되어 있다.[5] 그래서 이러한 규칙과 규정으로 최종액수가 결정되는데 이를 각 소관상임위에서 심사하고 국회의장의 최종판단을 거쳐 예산범위가 결정된다. 이러다 보니 수당은 계속 올라가고 있고 특혜라는 시비가 끊이지 않는다. 수당자체를 국회의원이 스스로 결정한다는 것을 국민들이 좋지 않은 시선으로 보고 있다.

예를 들어 1973년 국회의원 수당법을 제정할 당시에는 일반수당과 활동비만 있었지만, 1981년에 입법활동비, 특별활동비, 보조직원(보좌진)을 도입하였고 2005년에는 입법 및 정책개발비를 추가하였다. 그리고 일반수당 자체도 처음에는 월 13만원으로 정액으로 결정하였다가 어떠한 기준도 없이 자꾸 늘어나 현재는 101만 4,000원이 되었다. 이 금액이 어떤 기준을 두고 상승했으

구분	수당액수
국회의장	1,496,000
국회부의장	1,275,000
의원	1,014,000

국회의원 수당(단위: 원)

며 이러한 숫자가 어떻게 나오게 된지는 결정한 국회의원들만 알 것이다.

상여금 자체도 수당 못지않게 두둑해서 정근수당으로 646만원, 명절 휴가비로 775만원이 나간다. 여기다가 사무실운영 지원비, 차량유지나 출장, 정책개발, 자료발간 등에 들어가는 세비도 만만치 않다. 실제로 2014년 7월에는 정근수당으로 일반 수당의 50%인 323만 2,000원이, 추석을 앞두고는 추석 수당으로 일반 수당의 60%인 387만 8,400원이 지급됐다. 특히 국회 상임위원장단 25명에게는 매달 특정업무경비 항목으로 600만~700만 원이 지급된다. 상임위원장단에는 국회 상임위원장 16명, 상설특별위원장 2명, 특별위원장 7명으로 구성되어있다. 국회 상임위는 소관분야 법안들을 본회의에 올리기에 앞서 심의하는 기능을 갖고 있고 강력한 입법권을 토대로 정부부처와 유관기관, 사기업에게까지도 강력한 영향력을 미친다.

그러다 보니 국회 상임위 구성 자체가 국회의원들에게 굉장히 중요한 의미가 되어 어떤 상임위에 들어가는지에 대한 엄청난 기싸움이 벌어지곤 한다. 국회상임위 배분과 그 구성에 대한 다툼으로 원구성이 지연되는 경우가 적지 않다. 16대 국회에서는 여야가 통일외교통상위원장을 서로 맡겠다고 다투는 바람에 법적 시일을 넘겨서야 원구성을 타결했다. 17대에는 국회부의장 선출,

상임위원장 배분, 예산결산특위의 일반 상임위 전환 문제로 국회 임기 시작 한 달 만에 원구성을 타결한 전례가 있다.

한 초선의원은 상임위 배정에 대해 회상하면서 다음과 같이 표현하기도 했다.

"국회 개원을 앞두고 상임위 배정이 진행될 때 통상적으로 의원들이 선호하는 순서에 따라 국토위, 문방위, 교과위를 신청했다. 며칠 뒤에 원내대표가 전화를 해왔다. 환경노동위원회에 아무도 안 가려고 하니 거기 가라고 했다. 나는 환노위는 신청 안 했다고 했지만 원내대표는 신청 안 했어도 가라고 했다. 한번 생각해보겠다고 하니까 생각할 필요 없이 그냥 가라고 했다. 내가 먼저 가면 다른 의원들을 설득해서 뒤따라서 가게 만들겠다고 했다. 전화상으로 밀고 당기기를 좀 하다가 나는 원내대표의 결정에 따르기로 했다."

이처럼 상임위 배정에 대한 다툼의 상대가 여야로만 나누어지지는 않는다. 같은 당 내부에서도 더 좋은 상임위 배정을 놓고 보이지 않는 전쟁을 치루는 것이다. 상임위원회 배정이 의정활동의 전반에 큰 영향을 주기 때문에, 이때가 되면 상임위원회 배정결정 권한을 가진 원내대표들은 직접 의원들에게 전화를 걸거나 만나서 배치표를 만들어간다. 여기에는 의원의 전문성도 고려되지만 경력과 몇 선 의원인지, 지역적 특성과 전략차원에서도 배치를 하기도 한다. 상임위원장은 보통 선수가 우선이 되어 3선 의원

정도는 되어야 위원장직을 맡으며, 당대표나 원내대표, 최고위원 같이 당 지도부를 맡고 있는 중진의원들은 경우에 따라 상임위원회를 양보하는 것을 관례로 여긴다. 통상적인 인기 상임위원회가 있지만 경제나 정책변화와 맞물려 그 때마다 의원들이 선호하는 상임위는 변한다. 의원들이 선호하는 상임위는 어떤 곳일까? 당연히 정부예산을 더 많이 주무를 수 있는 곳, 재량권이 많은 곳을 선호한다. 왜 이런 곳을 의원들이 너도나도 가려고 하는지에 대해서는 충분히 예상할 수 있을 것이다.

그리고 가장 국민들에게 큰 비판을 받는 부분이 바로 '무노동 무임금'의 원칙에서 벗어난 국회의원 세비 구조이다. 19대 국회도 여느 때와 비슷하게 국회 파행과 공전이 일상화되었는데 그런데도 의원들은 버젓이 세비를 받고 있다. 국민들은 파업을 하면 무노동 무임금의 원칙에 따라 임금을 받지 못한다. 그런데 의원들은 일을 하지 않고서도 막대한 세비를 가져가기 때문에 이것을 특권이라고 불리게 된 것이다. 특별활동비의 경우 정시국회나 임시국회가 열리고 있는 달에 국회 본회의나 상임위 회의 등에 출석하면 받을 수 있는데 이는 비과세 대상이라 세금조차 내지 않아도 된다. 국회 사무처는 출석하지 않으면 그 수만큼 감액을 하고 있다고는 밝혔지만 회기 중이라는 이유만으로도 특별활동비를 받을 수 있다. 2013년 3월에도 임시국회가 사실상 개점휴업 상태였지만 국회의원들은 특별활동비를 꼬박꼬박 챙겨갔다.

대별	총 회기 일수	본회의 개의 일수	본회의 개의 비율
14대(1992~1996)	652일	167일	25.60%
15대(1996~2000)	1,041일	216일	20.70%
16대(2000~2004)	1,252일	212일	16.90%
17대(2004~2008)	947일	178일	18.80%
18대(2008~2012)	1,124일	173일	15.40%
평균	1,003일	189일	19.50%

14~18대 국회 회기와 본회의 개의 일수[6]

9월 정기회기는 100일로 회기한도가 정해져 있는 반면에 나머지는 모두 임시회로서 30일 이내로 국회의원들의 의결을 통해 결정이 가능하다. 회의 구조상 본회의 개의 일수가 적은 것은 자연스러운 일이지만 본회의를 하겠다고 결정한 임시회기 동안 내내 단 한 번도 본회의를 개의하지 않은 때도 상당히 많다. 14대는 1번, 15대 5번, 16대 5번, 17대 1번, 18대 4번으로 기록되었다. 본회의를 개의하지 않은 때에는 당연히 예산안과 법률안을 1건도 처리하지 못한다. 특히 18대 국회의 경우 국회 시작인 원구성부터 최장 지연(83일)되며 헌정사상 최장기간 국회의장 부재라는 기록도 세웠다. 그렇다고 본회의를 한다고 해서 꼭 일을 한다고 말할 수도 없다. 본회의는 열었지만 막상 정쟁으로 인해 안건을 하나도 통과시키지 못한 경우도 허다하다. 이러다 보니 국민들은 국회가 일하지 않는 때가 훨씬 많다고 인식하고 있으며, '국회의원은 무노동 유임금'이라는 말이 생긴 것이다.

힘들게 회의를 열어도 막상 참여해야 할 국회의원들이 출석하지 않는 경우가 많다. 성실성의 척도라고 할 수 있는 본회의와 상임위 출석률을 살펴보면, 개근상을 받을 사람이 전무하다시피 하다. 여야 지도부 중에서는 박기춘 민주당 원내대표가 본회의와 상임위 출석률 100%를 기록하였다. 새누리당의 황우여 대표와 이한구 원내대표의 본회의 출석률은 각각 83.3%, 93.3%로 높은 편이었지만 상임위 출석률은 각각 15%와 45%로 낮게 나타났다. 지난 대선후보였던 문재인 의원은 본회의 출석률은 23.3%, 상임위 출석률은 9.7%에 그쳤다. 특히 국회 대정부질문의 출석률은 낮기로 유명하다. 19대 전반기 국회부의장이었던 박병석 의원은 2013년 4월 대정부질문 당시 의원들의 이름을 일일이 호명하며 출석상황을 체크하였다. 이는 이례적인 일이라 당시 화제가 되었다. 그만큼 출석하는 의원이 적었다는 반증인데, 당시 재석 중인 의원은 전체 300명 가운데 59명만이 출석을 하였다.

국회의원들의 출석률에 대한 비판이 나오자 요즘에는 국회의원들이 편법을 사용하고 있다. 일단 출석은 하되 중간에 자리를 이탈하는 것이다. 본회의 출석률이 언론을 통해 공개되면서 성실성을 의심받을 수 있으니 출석이라도 한다는 것이다. 그래서 오히려 출석률이 아닌 법안 투표율을 보는 것이 더 정확하다는 지적이 설득력을 얻고 있다. 2014년 9월 19대 국회의원들 중에서도 거물급들이 앞 다투어 법안 투표율 꼴찌를 달리고 있다. 법안 투표율이 가장 낮은 의원은 18.93%를 기록한 정몽준 전 새누리당 의원이었고 그 다음은 21.44%의 김한길 전 새정치연합 대표이다.

국회의원들은 의사회 일정뿐만 아니라 다른 수많은 민생업무와 지역구, 정당 문제로 인해 국회에 모두 출석하는 것은 불가능하다는 식으로 말한다. 때로는 국회 출석하지 않는 것 자체가 정치적인 입장 표명이 되기에 일부러 출석하지 않기도 한다. 그러나 이런저런 이유가 있다고 하더라도 기본적인 출석조차 제대로 하지 않는 것은 불성실한 국회의원이라는 비난을 피할 수 없다.

이와 같은 현상들은 결국 일하지 않는 데도 세비를 받는 구조와 이에 대한 페널티가 전무하기 때문에 발생한다. 결국 국회의원이 스스로 결정하는 세비 구조 자체가 가장 큰 문제이며 이에 대해 늘상 개선되어야 한다고 지적되고 있다. 아무런 견제장치가 없기에 뚜렷한 기준 없이 세비가 결정되어지고, 심지어는 이런 정보에 대해서 국민들은 찾아보기조차 힘들게 되어있다. 투명성이 무너지고 있는 것이다. 또한 1981년도에는 국회의원 수당 등에 관한 법률에서 동법률을 개정하더라도 개정 당시 국회의원 임기 중에는 효력이 없게 만든 일종의 견제장치가 있었다. 그런데 이 조문을 1988년도에 입법활동지원을 강화한다는 이유로 삭제하였다.[7] 법을 개정하여 바로 개정한 당사자들부터 혜택을 볼 수 있게 된 것이다.

프랑스와 미국은 공무원 급여나 물가상승률에 자동 연동되어 국회의원의 급여가 결정된다. 외부기관이 국회의원의 급여에 대해 적정선을 결정하는 캐나다, 영국의 사례도 있으며 호주와 이탈리아처럼 그 권고안을 국회에 제출하는 경우도 있다. 이런 방법들이 혼합되어 국회가 최종결정을 내리기도 하지만 우리는 오로지 국회가 단독결정을 한다. 그러다보니 의원들의 10년간 연봉 상승률이 미국은 20%, 영국이 27%대이지만 우리나라는 51%로 약 2배 이상 높게 나타나고 있다. 아시아의 다른 나라들 중에서도 우리처럼 국회가 단독결정 하는 곳은 없다. 싱가포르는 다른 경제 분야의 급여 인상률과 맞추어서 자동 결정되게 되어있고, 일본은 공무원들 급여와 연계되어있다.

프랑스	총무처가 고위공무원의 급여와 연동하여 의원급여 자동 결정
미국	법으로 의원의 급여인상폭을 규정하였음. 민간분야의 고용비용지수-0.5% = 급여인상폭
캐나다	인적자원부가 상승률을 발표하고 의회에 보냄.
영국	의회규범기구(IPSA)가 의원급여와 연금액을 결정. 의회는 이에 대해 거부권을 행사할 수 없음.
호주	보수위원회가 급여수준을 정하고 의회에 보냄.
스웨덴	3인 위원회가 구성되어 인상률을 결정.
노르웨이	급여위원회가 인금인상 권고안을 국회로 보냄. 국회의원들이 이에 대해 투표함.
독일	법관들의 급여 인상률보다 낮게 의원들이 최종 결정함.

외국의 의원급여에 대한 제도

말로만 국회의원의 급여 결정방식을 개선하겠다고 하지만, 사실상 브레이크가 없는 혜택이 바로 국회의원 세비이다. 문제점을 파악했으니 개선 방법도 자연스럽게 도출된다. 국회의원들도 일한만큼 보수를 받아야 하고, 이에 대한 규정에 대해서는 견제장치가 마련되고 독자적인 판단만으로 결정되게 해서는 안 될 것이다.

국회의원 보좌진

국회의원의 예우는 장관급으로 최대 9명의 보좌진을 거느릴 수 있다. 입법 당시에는 없었던[8] 국회의원 보좌진의 월급도 국가에서 준다. 보좌진 수도 계속 증가해갔는데, 3대 국회에서는 의원당 1명이었던 것에서 19대 국회는 별정직 공무원 신분의 보좌진이 7명이다. 여기에 인턴도 2명을 더 둘 수 있다. 2010년 보좌직원의 정원을 개정한 것인데 4급 상당의 보좌관 2명, 5급 비서관 2명, 6, 7, 9급 비서가 각 1명씩이다. 보좌진들에게 지급되는 비용이 연간 3억 9천만 원으로 알려지고 있고 이들은 국회의원의 입법 활동을 위해 최측근에서 일하고 있다. 때로는 국회의원만큼이

	4급	5급	6급	7급	9급	기타
1~2대						보좌진 없음
3대		1				
4대	1					
5대	1		1			
6~7대	1		1			
8대	2		1			
9대	1					개인비서 3명
10대	1					비서, 운전원, 보조원
11대		1				운전원, 보조원
12대		1		1		운전원, 사무보조
13~15대	1	1	1	1	1	
16~18대	2	1	1	1	1	
19대	2	2	1	1	1	2명의 인턴

국회의원 보좌진의 변화

나 '갑'으로 상징되어지기도 하는데, 그만큼 보좌진들이 가지고 있는 파워 또한 무시할 수 없다고 한다.

입법부의 권한이 커지면서 국회의원 보좌진이 문고리 권력이라는 말도 나오고 있는데, 그만큼 보좌진이 하는 일은 전후좌우로 다양하다. 국회의원이 참석하는 행사의 축사, 모두발언을 비롯해 보도자료, 상임위 질의서, 대정부질의서, 정책 자료집, 자서전,

지역 대상 의정보고서 및 홍보물 발간, 기고문, 소셜네트워크서비스(SNS) 글쓰기까지 대부분 보좌진의 몫이다. 입법과정에서도 전문성을 가진 일부 의원들은 법안 작성에 직접 관여하기도 하지만 상당수 의원은 보좌진이 만든 법안에 자신의 이름을 올리는 것으로 알려졌다. 그러다보니 기업에서는 보좌진들에게 접촉하기 위해 노력하며 실세의원의 보좌관일수록 더 관리를 위해 힘을 쓴다고 한다.

반면에 보좌진의 신분은 별정직 공무원이라 국회의원과 절대적인 상하관계를 갖는다. 의원의 한마디에 해고되는 경우가 많으며, 실제로 18대 국회에서는 일부 여성 국회의원들이 4년 간 무려 50여명의 보좌진을 교체한 경우도 있었다. 알려진 바에 따르면 이 여성 국회의원들은 보좌진들에게 미용과 쇼핑, 자녀 관련 업무 등 개인적인 용무를 맡겨왔고 이를 못 견디는 보좌진들이 많았다고 한다. 또한 국회의원이 분위기 쇄신이라는 명목으로 보좌진을 싹 물갈이 하는 경우도 있는데, 이렇게 되는 경우 하루아침에 실직자가 된다. 일반 행정부에도 별정직 공무원이 있지만 이들은 임용자격, 절차, 징계 등에 대한 규정이 있다. 그리고 인사권자가 면직을 하려 하면 우선 면직심사위원회를 구성하는 등 일종의 절차가 있다. 하지만 국회의원 보좌관은 이런 규정 없이 국회의원이 면직요청서를 제출하기만 하면 된다. 부당한 해고가 있다고 해도 이를 조정하거나 소명할 기회조차 없는 것이다.

대신 임용 절차도 규정에 없기 때문에 이에 대한 부작용도 있다. '유령 보좌관'이라고 하여 국회에 이름만 올려놓고 실제로는 근무하지 않는 보좌진이 있는데 이를 통해 지급되는 월급을 국회의원이 가지는 경우도 있다. 눈에 잘 띄는 보좌관보다는 주로 의원실에 2명까지 채용할 수 있는 인턴직을 가짜로 채용한다. 이는 월급 가로채기라는 위법 행위이면서 기존의 보좌진들에게 업무과중을 가져오기 때문에 문제가 심각하다. 그러나 파리 목숨인 보좌관들은 이를 알면서도 이야기하지 못하는 것이 현실이다. 검찰 수사를 받은 한 새누리당 의원의 경우 의원의 운전기사가 자동차에 있던 현금 3,000만원과 서류뭉치가 들어 있는 가방을 검찰에 넘기기도 했다. 내부고발로까지 번지고 있는 것이다.

국회의원의 입장에서는 가장 측근인 보좌관의 내부고발은 정치생명에 위협적이다. 그러다보니 친인척을 보좌진 자리에 특채하는 경우도 발생하고 있다. 그러나 이는 또 다른 부작용이다. 전문성이 없는 보좌진으로 인해 입법 활동에 지장이 발생할 수 있다. 야당의 한 전직 의원은 18대 때 자신의 딸을 3년여 간 4급 보좌관 자리에 채용해 2억을 챙겼고, 19대에는 같은 당 비례대표 의원실에 6급 비서로 등록했다는 보도가 나왔다. 2012년 4.11총선 때는 낙천, 낙선한 국회의원이 보좌진을 해고하고 그 자리에 1달짜리 보좌관으로 친인척을 채용한 일이 벌어졌다. 이는 국회의원 임기가 남은 한 달이라도 보좌관들의 월급을 자신의 친인척을 통해 의원이 전용하려는 것이다.

친인척이 보좌관인 경우 장점도 있겠지만 부작용이 더 크다고 보는 시선이 많기에 이를 막기 위한 입법적인 조치가 필요하다고 본다. 미국 연방의회의 경우 1967년부터 친인척의 보좌관 채용을 법으로 금지하고 있다. 그러나 우리의 경우 2010년 당시 한나라당 강명순 의원이 배우자 및 4촌 이내 친족을 보좌진으로 채용하지 못하도록 발의한 법안이 있었음에도 불구하고 2년 넘게 상임위에 계류됐다가 18대 국회가 끝나면서 폐기됐다. 19대 국회에서는 이에 대해 과연 어떠한 답을 내놓을지 궁금하다.

각종 활동 지원금

국회의원에게 직접적으로 주는 세비 외에도 의원들의 각종 활동에 대한 지원금이 국고로 지급되고 있다. 사무실 운영, 차량유지, 출장, 정책개발, 자료발간 등에 세비가 들어가고 있고 각종 공공요금도 지원이 되고 있다. 구체적인 예를 몇 가지를 들자면 의원 전용 주차장과 이발소, 미장원, 헬스장, 목욕탕, 한의원, 양의원 등 무료 이용, 국회도서관 전용 열람실 이용, 민방위 예비군 열외, 신축된 의원회관으로 인해 25평에서 45평으로 늘어난 의원실 이용, 해외시찰 지원, 공항 귀빈실 이용 및 공항 VIP주차장 이용 지원, 해외 출장 시 재외공관 영접, 주유비 지원, 주유비 외 차량 유지비

지원, 교통 경비 지원, 가족 수당과 자녀 학자금 지원, 사무실 전화요금·우편요금 지원, 정책홍보물 및 정책자료 제작비, 발송료 지원 등 셀 수 없을 정도이다. 이런 내용들이 인터넷에 퍼지면서 '아무리 특별대우를 받아야 한다고 해도 너무하다. 의정활동조차 제대로 안하는 의원들에게는 부당한 대우가 아닌가?'라는 목소리가 커지고 있다.

이런 논란의 중심에는 국회의원의 연금이 있다. '국회의원은 단 하루만 해도 연금을 받게 된다.'는 말이 있다. 하지만 이 문장 자체는 이제는 틀린 문장이 되었다. 국회의원 연금은 법률상 수당과 함께 명시된 것은 아니지만 대한민국 헌정회라고 하여 사단법인이 있고 여기에서 연로회원에 대한 지원금이 나온다. 그리고 종전까지는 여기서 나온 지원금을 국회의원이었던 자는 65세 이상이라면 모두 일괄적으로 받을 수 있었다. 그러다가 국회의원의 연금에 대해 국민적인 논란이 커지자 2013년도 개정작업을 거쳐 2014년 1월부터는 연금이 사라지게 되었다. 18대 국회의원까지는 재직기간 1년 미만은 제외하고 연금을 받지만 19대에는 사라지게 된 것이다. 이전에는 헌정회의 정관으로 지원금의 지급대상과 지급금액을 정했지만 이제는 법조문에 명문화가 되어 있으며 지급제외대상자에 대해 제시하고 있다.

또한 KTX 무제한 이용도 이제는 틀린 말이 되었다. 과거에는 '국회법 제31조'[9]에 따라 국유의 철도·항공기를 무료 이용할 수 있었다. 하지만 2006년 철도청이 공사로 전환된 뒤 철도가 국유물에서 제외돼 국회의원들의 자유이용은 사실상 사라졌다. 또 항공사도 사기업이어서 국회법 제31조는 유명무실화되어 결국 2014년 3월 삭제됐다. 대신 공무로 인해 교통수단을 이용하면 출장비 명목으로 지원을 받을 수 있다. 국회사무처에 따르면 의원 한 명당 평균 출장비가 연 450만 원 정도이고 이는 지역구에 따라 차등 지급된다고 한다. 서울에서 가장 먼 제주 의원은 연 1,360만 8,000원, 수도권 의원은 162만 3,000원을 받는다. 지역구가 없는 비례대표 의원의 출장비는 가장 적은 135만 3,000원이다.

항공기 혜택의 경우 기획재정부가 마련한 공무원 여비규정에 따라 국회의원들은 장관급 대우를 받는다. 국회의원이 국고지원으로 해외시찰을 할 때, 국회 사무처는 의원외교 활동 예산을 배정해 방문일수 및 방문국가 등급에 따라 항공료를 지급한다. 물론 비행기 좌석은 장관급 대우에 따라 비지니스석을 제공받는다. 이런 해외시찰은 해마다 외교적인 이유가 아닌 '외유성(외국으로 여행함)'이라고 의심받고 있다. 출장을 갔다 온 후 내는 보고서는 출장갈 때의 목적을 상실한 내용들로 채워져 있고 이마저도 아예 제출하지 않는 의원들도 많다. '국회의원 외교활동 등에 관한 규정' 제10조에 따르면 의원들은 외교활동이 끝난 후 20일 이내 활동결과 보고서를 서면으로 국회의장에게 제출해야 한다.

활동결과보고서 중에는 국회사무처 홈페이지를 통해 확인할 수 있는 것도 있다. 일부 비공개 처리된 것은 여기서도 확인할 수 없다. 2014년에 올라온 보고서 중에는 캄보디아와 라오스를 방문한 내용도 있는데 그 일정 중에 하루는 아예 캄보디아 '프놈펜 시내시찰'로만 정해져있다. 그리고는 자세한 보고내용에 이 시내시찰 내용만 빠져있다. 나머지 일정은 사진까지 첨부되어 참석자 명단과 대화내용도 간단하게 요약되어있는 점을 고려한다면 하루 동안의 시내시찰은 무엇을 한 것인지 궁금하다. 애초 방문목적이 방문국 의회 및 정부 지도자와의 교류를 통한 우호친선 증진 및 교류협력 강화와 방문국 주재 동포 및 현지진출기업을 격려하는 것이면 시내시찰은 이를 수행하는 적절한 방법으로 보이지 않는다.

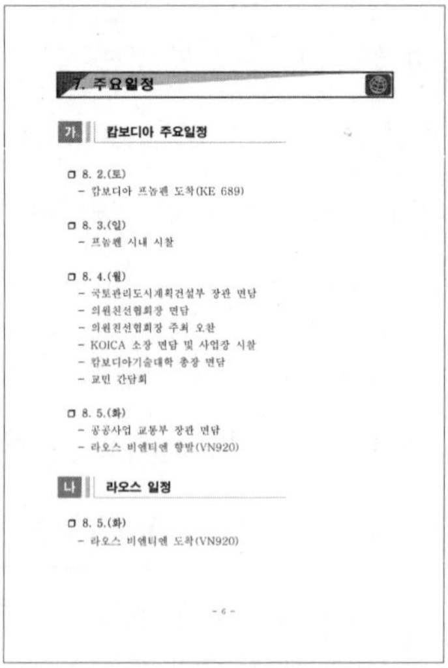

7. 주요일정

가 캄보디아 주요일정

□ 8. 2.(토)
- 캄보디아 프놈펜 도착(KE 689)

□ 8. 3.(일)
- 프놈펜 시내 시찰

□ 8. 4.(월)
- 국토관리도시계획건설부 장관 면담
- 의원친선협회장 면담
- 의원친선협회장 주최 오찬
- KOICA 소장 면담 및 사업장 시찰
- 캄보디아기술대학 총장 면담
- 교민 간담회

□ 8. 5.(화)
- 공공사업 교통부 장관 면담
- 라오스 비엔티엔 향발(VN920)

나 라오스 일정

□ 8. 5.(화)
- 라오스 비엔티엔 도착(VN920)

- 6 -

국회의원 해외 활동 사례

보통 의원들의 외교활동은 외국 의회의 선진시스템이나 운영 노하우를 상호 교류를 통해 배우고 때로는 외교현안에 대해 긴밀히 협조하거나 동의를 구하는 등 외교관이 하지 못하는 일을 하러 가는 것이다. 이런 의원외교는 국회가 공식적인 초청으로 방문하는 초청외교, 상대국과의 인적 네트워크 구축이 목적인 방문외교, 의회와 관련된 국제회의에 참석하는 것들이 대부분이다. 그런데 해외방문 목적도 불필요한 것이 적지 않고, 계획도 허술하고 때로는 국회 임시회기 일정 중에 가는 경우도 있다. 국회의원이 가장 중요한 입법 활동을 하지 않고 외국에 갈 정도면 제대로 성실하게 이행해야 할 것이다. 2014년 3월에는 원자력방호방재법 등 중요한 법안 처리가 있었는데도 30여명의 의원이 해외시찰을 갔다.

이런 국회의원들의 해외 출장에 투입되는 예산은 적지 않다. 2013년 5월 한 달 동안만 해도 75명의 국회의원이 해외 출장을 나갔고 1인당 평균 1,000만원이 넘는 경비를 사용하였다. 보통 의원들이 9월 정기 국회일정 전인 7, 8월에 해외출장을 몰아가는 것을 생각한다면, 본격적인 해외출장철에는 이보다 더 많은 예산이 소모된 것으로 보인다. 이에 대해 국회의원 내부에서도 의원외교를 나갈 때 비행기 이코노미석을 이용해야 된다는 말이 나오고 있지만 실행에 옮겨질지는 미지수이다. 해외출장에 보좌진은 대개 함께 가지 않기 때문에 비용 정산 문제도 불거지고 있다. 국회사무처에서 국회의원들의 해외출장 비용을 실비로 지급하지만 사후정산이 필요하기 때문이다. 이런 지원금 중에는 비자발급비, 여행자 보험가입비, 예방접종비도 있다. 보좌관 없이 가는 의원들이 사후정산할 증빙자료들을 제대로 챙기고 다닐지 의문이다.

국회의원에게는 비용지원이 아니라 의무면제를 통한 혜택도 존재한다. 국회의원은 국토방위의 의무에서 면제 대상이다. 따라서 향토예비군 동원과 민방위 훈련에 참가하지 않는다.[10] 국토방위 의무 면제는 상대적으로 면제되는 대상이 되는 국회의원들이 적기에 그동안 많이 지적된 특혜는 아니다. 그러나 일반 국민들은 아무리 바빠도 향토예비군과 민방위 소집에 응해야 하고 그렇지 않으면 벌금, 과태료 등 불이익을 받고 있다. 국방부도 이러한 내용을 개선하기 위해 지난 2014 업무보고에서 동원 예비군 훈련 보류제도 개선안을 박근혜 대통령에게 보고했다. 이 개선안이 시행되게 되면 기존 면제 대상인 국회의원은 물론 시장, 군수, 구청장, 차관급 이상 관료 등도 예비군 훈련을 받아야 한다.

한편 국회의원 전용 승강기는 현재 존재하지 않는다. 과거 국회 본관에는 회기 중에만 의원 전용으로 사용되던 승강기가 있었지만 2004년 9월 특권 청산 차원에서 폐지됐다. 크게 비용을 들이지 않아도 생색낼 수 있는 것에서만 통크게 특권 청산을 하는 것으로 보인다.

9.

합법을 가장한 출판기념회 로비

앞서 이야기한 특권 중 출판기념회는 비교적 새로 등장한 특권이다. 정치인의 출판기념회는 그 횟수에 제한도 없고 이에 대한 규정이 없다. 실제로는 정치인 후원금 조달의 성격을 가지고 있는데도 아무런 견제 장치가 없다는 것이다.

국회의원들은 정치자금법에 따라 후원금에 대한 철저한 감사를 받고 있다. 이 후원금은 한도도 있어서 전국 단위의 선거가 있는 해(3억 원)에만 제외하고 대체로 1억 5,000만 원이 그 평균이라고 한다. 하지만 출판기념회는 이런 금액의 한도가 없다. 가령 책값의 액면가가 1만 5천원이라고 해도 봉투에 10만원을 넣는 식으로 초과해서 넣어도 이에 대한 제재를 할 수가 없다. 말 그대로 축하금이라서 얼마를 받든 금액의 제한이 없고, 신고 의무도 없고, 어디에 사용할지 보고할 필요가 없다. 심지어 세금도 낼 필요도 없다.

그러다 보니 정치인의 출판기념회에 온 사람들이 축하를 핑계로 다른 목적으로 일반인이 상상할 수 없는 액수의 금액을 내는 경우가 허다하다. 그래서 이 돈 봉투는 일명 '묻지마 정치자금'이라는 비난을 받아오고 있다. 출판기념회의 부작용에 대해 이전부터 여론에서 지적해왔고, 여야도 이를 개선하겠다고 말은 해오고 있는 상황이다.

우선적으로 이런 출판기념회가 얼마나 열리고 있는지, 그리고 그 과정에서 나타나는 문제점들에 대해 지적해 보고자 한다.

19대 국회의원 출판기념회 개최 현황

출판기념회는 오래전부터 있어왔던 것이지만 가깝게는 현재 19대 국회의원들도 자주 하고 있는 실정이다. 국회의원들이 출판기념회를 얼마나 열었는지 봤더니, 지난 2011년부터 총 279번이 열렸다.

제19대 총선(2012년 4월 11일)을 통해 선출된 국회의원은 총 300명이다. 이 중 2011년부터 2014년 7월까지 출판기념회를 1회 이상 개최한 의원은 192명이었다. 19대 국회의원의 약 64%가 출판기념회를 한 것이다. 여기서 2회 이상 개최한 의원은 68명이다. 여기서 가장 많이 개최한 의원의 경우 6회까지 출판기념회를 하였다. 그래도 그 국회의원은 출판기념회의 수익을 투명하게 공개하고 신고까지 하였다.

이를 정당별로 살펴보면 다음과 같다.

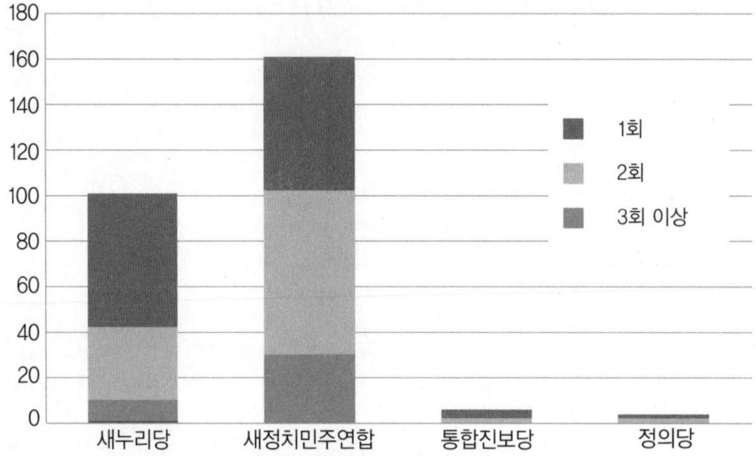

정당별 국회의원의 출판기념회 (단위 : 건)

위의 도표와 같이 새정치민주연합 의원들이 105명으로 출판기념회를 가장 많이 열었고, 새누리당, 통합진보당, 정의당 순으로 나왔다. 또한 개별적으로 살펴 들어가면 출판기념회도 초선의원과 재선 이상 의원 사이에서도 출판기념회의 횟수에 약간의 차이가 있었다. 출판기념회를 한 의원 중 초선의원은 91명으로 약 47%의 비중을 차지한다. 19대 국회의원에서 초선의원이 차지하는 비율이 49.4%(300명중 148명)인 것을 생각하면 재선 이상 의원들 중 조금 더 많은 수가 출판기념회를 열었다고 볼 수 있다. 또한 같은 책으로 2번 이상 출판기념회를 하는 경우도 있는데, 이 경우는 대체로 자신의 지역구에서 출판기념회를 한 경우가 많다. 경우에 따라서는 동일한 책을 2년 동안 2번의 출판기념회를 열기도 했고, 지역구에서만 2번 출판기념회를 하기도 하였다.

심지어 정치인들은 출판기념회를 이용해 상당한 축재도 할 수 있다. 초·재선 의원은 수억 원대, 중진 의원은 10억 원대의 수익을 올린다는 이야기가 나오고 있다. 책 한 권 값이 얼마나 되기에 이렇게 많은 수익을 올리는가 싶지만 대개 책값은 정가가 없다. 출판기념회에 와서 기업이나 기관이 다량 구매하는 경우도 많으며, 사실상 봉투가 오가기 때문에 한 권에 10만 원짜리라는, 서점에서 보기 힘든 책값이 나오기도 한다. 보좌관들 사이에서는 "출판기념회 때 10만원 내고 한 권만 가져가는 사람도 있었다." "3선 이상 의원이면 최소 1억 원 이상은 남을 것", "10억 원이 남은 경우도 있다고 들었다." 등의 말이 나오고 있으며 서민들은 생각할 수 없는 액수가 출판기념회를 통해 거치고 있다. 한 출판기념회를 찾은 대기업 관계자는 "책값은 의원에 따라 다르지만 출판기념회 한 번에 최소 100만원, 많게는 1000만원 넘게 준비한다."고 밝혔다.

출판업계에 따르면 의원들 중에는 출판사와 아예 대필 작가 섭외, 출판, 기념회까지 패키지로 계약하는 경우가 많다고 한다. 예를 들어서 책에 들어갈 기본적인 콘텐츠와 사진 등은 의원실에서 제공해주고, 대필해주는 작가 및 그 외 이벤트 비용 등은 출판사가 알아서 일사천리로 진행한다는 것이다. 업계 내부에서는 보통 2,000부 정도를 찍을 때 3,000만 원 정도가 소요된다고 보고 있다. 또 다른 출판업자는 "정치인이 펴내는 책은 1쇄 기준으로 최소 5,000부, 보통 1만 부를 찍는다."며 "출판기념회 한 번 하면 대부분 소진된다."고 말했다. 여기서 한 번의 출판기념회로 1억 이상 번다면 3배 이상의 차익을 거두는 것이다. 저비용, 고효율로 목적한 바를 달성할 수 있는 것이다. 필자의 연구소에서 자체적으로 책을 발간해온 경험으로 비춰보아 국회의원들의 출판비용 자체도 부풀려져 있다.

게다가 의원들이 출판기념회를 주로 여는 국회의원회관 대회의실(500석) 및 소회의실(150석) 또는 국회 헌정기념관(300석)의 대관료는 들지 않는다. 국회의원들의 특권 중 하나로 국회 안에 있는 장소를 무료로 사용할 수 있기 때문이다. 실제로 19대 국회의원들이 279건의 출판기념회를 여는 동안 국회 내부에서 한 횟수는 171번으로 상당수 차지하고 있다. 국회 외부에서 출판기념회를 열었더라도 자신의 지역구 내의 시설(지역 컨벤션센터, 학교 강당 등)을 이용하면서 대관료를 거의 들이지 않고 한 것으로 보인다. 출판기념회가 단순히 '책의 발간을 축하'하는 모임이 아니라 부족한 후원금을 모금하는 행태가 되어버린 것이다.

정치인들의 출판기념회는 비단 오늘날에만 있었던 것은 아니다. 과거에는 출판기념회를 통해 회비를 받았지만, 그 수준은 책 한 권 값이었다. 또한 책의 내용 또한 일종의 자료로서의 가치가 있었다. 산전수전을 겪은 의원이 자신의 필체로 써내려가는 문장은 스스로의 정치 이력에 넣음에도 부끄러움이 없었다고 한다. 하지만 오늘날 출판기념회에 쓰인 책들을 보면 그 제목만으로도 홍보수단 내지는 의정보고서, 심지어 화보집으로 볼 수 있는 것들도 있다. ○○○의 꿈, XXX의 길, 아니면 자신의 지역구 이름

	새누리당	새정치민주연합	통합진보당	정의당
1회	59	59	4	2
2회	32	72	2	2
3회	9	30	0	0
6회	1	0	0	0
총합	79	105	5	3

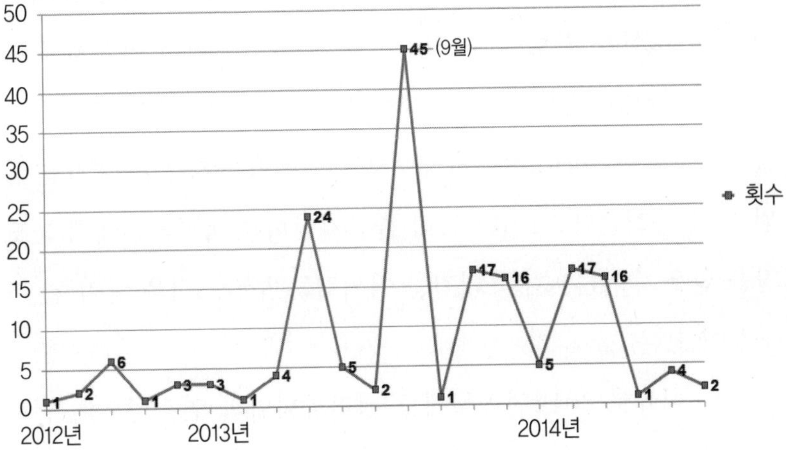

시기별 개최수

을 건 책 제목들이다. 의원 스스로도 정치 이력에 넣지 않는 책을 그 누가 읽어볼까? 책을 구입하는 사람 중에 몇 명이나 책 내용에 관심을 가지고 구매했을지, 아니면 책보다 봉투의 전달과 방명록에 정확히 이름을 남기는 것을 중시했을지 모를 일이다.

국회의원들의 출판기념회가 언제 열렸는지도 중요한데, 그 이유는 국회의원들의 특권과 관련이 있다.

표에서 나타난 바와 같이 9월에 출판기념회가 갑자기 급증하였음을 알 수 있다. 9월은 정기국회가 시작되면서 국정감사와 정부예산이 결정되는 중요한 시기이다. 또한 정부예산이 필요하거나 국정감사의 대상이 될 수 있을 기관들에게는 국회의원의 일거수일투족을 주시할 때이다. 어떻게 하면 감사에서 허물을 덮을 수 있을지를 고민하고, 예산이 필요한 이들에게는 어떻게 하면 더 많은 예산을 확보할 수 있을지를 궁리할 것이며 어떻게 하면 잘 보일 수 있을지를 두고 그 방법을 찾을 때이다. 유력 정치인이 출판기념회를 하면 장관, 지방자치단체장, 공공기관장, 대기업 임원 등이 몰려간다. 그러다 보니 출판기념회는 국회의원에게 눈도장을 받을 수 있는 기회 내지는 어찌됐든 부담스러운 날이 될 가능성이 크다.

같은 이유로 2014년 9월에도 정기국회와의 연관성으로 인해 출판기념회가 급증할 가능성이 높았지만 향간의 비난을 생각한 것인지 출판기념회는 없었다. 비록 여야의 대표들이 앞 다투어 출판기념회를 하지 않겠다고 선언했지만, 내년에도 그 약속이 지켜질지는 알 수 없는 일이다. 19대 국회의원들의 임기가 시작된 2012년 5월 30일 이전에도 출판기념회에 대한 여론의 비판은 있었고, 그때마다 어쩔 수 없이 등 떠밀려 나오듯이 해결책들을 내놓았던 것이 우리 정치권의 모습이다. 하지만 조금 여론이 잠잠해졌다고 생각하면 슬그머니 너도나도 출판기념회를 할 것이다.

또한 19대 국회의원 선거 직전인 2011년 막판에는 대규모 출판기념회 붐이 일어났다. 19대 총선에 입후보하는 후보는 공직선거법상 2012년 4월 11일 총선 90일 전에만 출판기념회가 가능하기에 2011년 막판에 출판기념회가 몰린 것이다. 출판기념회를 통해 의원의 세를 과시할 수 있고, 합법적으로 선거비용을 마련할 수 있기 때문에 '꿩 먹고 알 먹기'인 출판기념회에 대한 의원들의 수요가 크다. 2011년에 109명이 출판기념회를 개최하였고 여기에 19대 때 다시 당선된 의원들은 69명이나 된다. 반대로 재선을 도전하지 않는 의원들에게는 출판기념회를 열 수 있는 마지막 기회이기도 했다.

한 쪽에서는 이런 현상을 두고 의원들이 실제로 선거자금이 부족하기 때문이라고 말하기도 한다. 국회의원은 매년 1억 5,000만 원(전국단위 선거가 있는 해에는 3억 원까지)까지 정치자금을 모을 수 있다. 이에 대해 보좌관들은 "1억을 모으는 것도 힘들다."며 "3,000만원에서 4,000만 원 정도밖에 모으지 못한 의원도 많다."고 말하기도 한다. 특히 '청목회 사건'[11] 이후 소액 후원자들이 줄어들었으며 이로 인해 의원들이 직접적인 타격을 입었다고 한다.

하지만 출판기념회를 하지 않아도 정상적인 의정활동과 선거를 치루는 정치인들도 있다. 넉넉하지는 않아도 부족하면 부족한 대로 지원범위 안에서 활동을 한다는 것이다. 또한 선거공영제도가 있어 선거에 소요된 비용을 지원받을 수 있고 이는 사실상 거대 여야당의 후보로 나서는 이들에게 든든한 보험과도 같다. 이러한 상황에서 선거비용이나 기타 국정운영과정에서의 자금 때문에 출판기념회를 해야만 한다는 변명은 좀 더 신중하게 판단해야 될 것으로 보인다.

출판기념회의 문제점

출판기념회의 로비창구화는 가장 큰 문제점으로 지적되고 있는 것이다. 국회의원이 자신의 소신을 담은 글과 의정활동에 대한 내용에 대해 출판하는 것 자체는 나쁜 것이 아니다. 그러나 합법을 가장한 로비창구로 변질되어 버린 출판기념회의 성격으로 오히려 역기능이 더 도드라져 보이는 것이 사실이다.

출판기념회를 연 의원들 사이에서도 부익부 빈익빈 현상은 출판기념회의 로비창구화를 잘 보여주는 현상이기도 하다.

표를 보면 통상적으로 알려진 것처럼 예산을 많이 다루고, 파

상임위명	개최 의원 수
산업통상자원	25
기획재정	21
정부	20
교육문화체육관광	19
국토교통	18
미래창조과학방송통신	15
안전행정	14
농림축산식품해양수산	12
환경노동	12
외교통일	11
보건복지	9
법제사법	8
국방	7

상임위별 출판기념회 개최의원수

위가 있는 상임위원회 소속위원들이 출판기념회를 더 많이 개최한 것을 알 수 있다. 출판기념회를 통해 모금한 금액의 액수는 밝혀지지 않아 알 수 없지만, 충분히 유력정치인, 직접적인 영향력이 있는 정치인에게 자금이 몰렸을 것을 추측할 수 있다. 실제 산하단체가 많은 상임위원회의 경우 간사는 3억 원, 위원장은 5억 원 이상을 단 한 번의 출판기념회로 끌어 모을 수 있다는 것이 여의도의 정설이다. 엄청난 액수이기 때문에 그 안에는 필연적으로 상임위원회와 이해관계 당사자들이 들어갈 수밖에 없다. 오죽하면 출판기념회에서 간사가 위원장보다 많이 받았다는 소리가 나오면 위원장실 인사가 산하기관들 쪽에 눈치를 준다는 말이 나오고 있다.

이러한 국회의원들 사이의 부익부 빈익빈은 결국은 돈을 통해 편의를 제공받길 원하는 속내를 잘 보여준다. 이것은 자칫 입법로비로도 발전할 수 있는 중대한 사항이며, 민주주의를 흔드는 중대한 범죄이다. 특정한 법률을 통과시켜 이익을 보려는 자가 입법권이 있는 의원들에게 로비하는 것은 쉽게 그 사례를 찾아볼 수 있다.

새정치민주연합 S의원의 경우 2013년 한국유치원총연합회 측으로부터 받은 3,800여 만 원대 출판기념회 '책값'의 성격을 놓고 논란이 되고 있다. S의원이 국회 교육문화체육관광위원장이던 2013년 4월 유치원 관련 법안 2건을 대표 발의했고 5개월 뒤인 9월 출판기념회를 통해 한국유치원총연합회로부터 돈을 받은 것이다. S의원은 "공식 출판기념회를 통해 받은 수익금으로 법적 문제가 없다."고 주장하면서, "대부분 전국의 많은 유치원 원장님 개인 이름으로 들어왔다."고 했다. 그러면서 "입법로비가 있었다면 위원장 임기 마지막 법안 소위에서 법안을 계류시키지도 않았을 것"이라고 하였다. 반면, 검찰은 "입법 대가로 뇌물을 받은 비리 사건"이라고 보고 있다. 만약 검찰이 S의원을 사법처리할 경우 출판기념회를 통한 자금모금의 법적 성격을 놓고 논란이 벌어질 것으로 보인다. 그러다보니 검찰은 S의원에 대한 사법처리에 고민이 깊어지고 있다.

상임위원회의 출판기념회가 인기가 있는 정도라면 예산과 결산을 주무르는 예산결산특위 소속 국회의원들의 출판기념회는 그야말로 문전성시, 인산인해를 이룬다. 예산결산특위는 각각의 상임위를 거쳐 올라온 예산·결산안을 심의해 확정하는 역할을 담당해 그 파워가 타의 추종을 불허한다. 국회의원 권한의 가장 핵심이 집결된 곳이라고 볼 수 있다. 그 중 위원장과 여야 간사는 비공개 계수조정소위에서 막판에 예산을 삭감 또는 증액할 수 있는 막강한 권한을 가진다. 그야말로 '상임위의 꽃'인 것이다. 그런 위원들이 출판기념회를 하게 되면 소위 말하는 '대박'을 친다고 한다.

2013년 출판기념회를 통해 이런 대박을 친 것으로 잘 알려진 한 의원은 당연한 듯이 출판기념회 수익을 공개하지 않고 있다. 당시에도 이에 대한 비판의 목소리가 높았지만 해당 의원은 지역구에서도 한 번 더 출판기념회를 열었다고 한다. 언론보도에 따르면 국회에서 열린 출판기념회장에 도착한 화환은 80여개로 행사장을 빙 둘러싸고도 남았고, 420석 규모의 행사장은 빈자리가 없었다고 한다. 공직자윤리법에 따르면 국회의원들도 본인과 배우자 직계존비속의 재산을 등록해야 하기 때문에 출판기념회 수익도 재산으로 일부 등록되었을 수 있다. 그러나 이마저도 3억 원 이하에 대해서는 지키지 않아도 '경고'[12]에 그친다고 한다. 일반적인 공무원이라면 경고도 나중에 승진하는데 불이익이 될 수 있으나, 선출직인 국회의원은 거의 그 영향을 받지 않는다. 그러니 현금으로 받은 것을 재산으로 신고했는지는 오직 양심에 맡겨야 하는 것이다. 사실상 탈세가 이루어지고 있는 셈이다.

또 다른 폐해로 이런 경우도 있었다고 한다. 출판기념회가 인산인해를 이루는 것은 국회의원의 특권에 기대하는 심리도 있지만, 위로부터의 '명령'이 떨어져서 인원동원을 한다는 것이다. 한 유명 정치인의 출판기념회장 근처에 80대의 관광버스가 주차된 적도 있다고 한다. 이처럼 출판기념회 때 지역에서 많은 사람들이 오는데 이것이 자발적인 참여가 아니라 누군가 동원하기도 한다는 이야기가 나오고 있다. 예를 들어 현직 의원들이 기초의원들에게 인원동원에 대한 오더를 내린다. 그러면 기초의원들은 현역 의원들의 입김을 무시할 수 없기 때문에 오더에 대해 거부하기 쉽지 않다. 만약에 거부하게 되면 다음 총선에서 공천을 약속받기 힘들다. 그래서 기초의원들이 많은 사람들을 동원하기 위해 대형버스를 대여하고 심지어 후원금에도 할당량을 매겨 다른 기초의원보다 더 많이 내기 위해 진땀을 뺀다.

이런 보이지 않는 전쟁에서 지지 않기 위해 기초의원들 중에 사비를 털어서 할당량을 맞추는 것을 넘어서서 공천에 더 유리한 수준까지 하는 경우도 많다고 한다. 그러다보니 참석자에 대해 온갖 편의를 제공하는데 교통비부터 식대, 출판기념회에 낼 돈 일부 등을 사비로 낸다고 한다. 이 과정에서 교통편의와 식사를 제공한 것에 대해 선거법 위반으로 과태료를 맞은 경우도 있다. 기초의원들만이 경쟁자가 아니다. 기초의원을 노리는 다른 사람들과도 경쟁을 해야 한다. 결국 이런 금권을 통한 공천권 청탁이 완전히 배제되지 않는 한, 국회의원들은 손 하나 까딱 안하고도 출판기념회를 통해 원하는 성과를 얻을 것이다. 국회의원 밑에 소속된 보좌진도 이런 사슬에 포함되는 경우가 있다고 한다. 자신의 의원의 출판기념회를 성공시키기 위해 물밑에서 작업을 하는 것이다.

출판기념회에 대한 규제의 목소리

매년 반복되는 이런 폐행 속에 결국 선거관리위원회가 출판기념회에 대한 기준을 만들려고 하고 있다. 중앙선거관리위원회가 2014년 10월 6일 국회의원의 출판기념회에서 정가로만 책을 팔도록 하는 개선안을 마련했다. 선관위가 이날 확정한 정치인 출판기념회 제도 개선안에 따르면 앞으로 국회의원과 지방자치단체장 등의 출판기념회에선 저서를 정가로 판매하는 것 이외에 일체의 금품을 모금할 수 없다. 또 국회의원이 출판기념회를 하려면 행사 2일 전까지 시간과 장소, 출판사명 등을 선관위에 신고하도록 했다. 만일 이를 어기면 100만원 이하의 과태료를 부과할 예정이다. 이 개선안이 제출되면 국회에서 여야는 추가 검토 후 확정된 안을 처리하게 된다.

당 차원에서도 반성과 비판의 목소리가 나오면서 이에 대한 대안이 나오고 있는데, 새누리당은 출판기념회 1인당 축하금(책값 명목)에 상한선을 설정하고 이를 신용카드로 받도록 하는 등 자체 개선책을 준비 중이라고 한다. 현 새누리당 대표인 김무성 의원이 당 최고위원회의에서 출판기념회에 관해 개선책을 빠른 시일 내에 세우라고 지시했다. 김한길 새정치연합 전 대표도 출판기념회 투명성이 담긴 '국회의원 특권 내려놓기' 혁신안을 발표하며 "출판기념회의 비용과 수익을 정치자금에 준하게 관리해 회계투명성을 강화하겠다."고 강조했었다.

하지만 이러한 규제의 목소리는 실제로 정기국회에서 법률통과로 이어져야 의미가 있다. 지금까지 당 차원에서 절제하겠다, 회계를 투명하게 하겠다고 외쳐왔지만 정작 "사실은 동료 의원들이 출판기념회를 줄지어 하니까 당시 밀어붙이려다가 동료의원들에 대한 온정적 측면 때문에 법적 제도화를 밀어붙이지 못한 것 같다."는 식으로 끝나고 마는 경우가 많다. 19대 국회도 이런 식으로 진행이 된다면 출판기념회에 대한 규제의 목소리는 공염불로 끝나게 된다.

실제로 새누리당 황우여 전 대표는 2014년 신년 기자회견에서 "출판기념회를 하면서 정치자금법을 회피하는 일이 없도록 제도적으로 정비하겠다."고 밝히며 2월 의원총회에서 국회의원 출판기념회 횟수 제한(4년 임기 중 2회)과 국정감사, 정기국회, 선거 기간 중 출판기념회 금지를 골자로 한 '출판기념회 준칙안'을 내놨었다. 새정치연합 전신인 민주당에서는 이종걸 의원의 이름으로 '국회의원 윤리실천 특별법안'을 발의하여 출판기념회에서 도서를 정가로 판매하고 수입·지출을 중앙선관위에 신고하게 하는 방안을 추진했다. 그러나 당 소속 의원들 상당수가 출판기념회를 열었고 혁신을 하겠다던 지도부가 출판기념회에 참석해 축사하는 엇박자 행보는 계속되었다.

반면에 출판기념회로 인해 어느 정도 후원금을 모집하는 효과도 있고, 이것이 의원실에서 의정활동을 할 때 도움이 된다는 목소리도 있다. 이런 목소리를 살펴보면 대개 후원금에 한도가 있는 상황에서 출판기념회를 통해 들어오는 수입이 현실적인 도움이 된다는 것이다. 그래서 이번 기회에 후원금 제도까지 함께 손을 봐야 하지 않겠느냐는 말들도 나오고 있다.

10.

후원은 어떻게 이루어지나

후원금은 특정 정치인을 후원하고자 하는 개인이 선거관리위원회에 등록된 후원회에 기부하는 금전이나 유가증권 또는 그 밖의 물건들을 말한다. 국회의원이 한 해 공식적으로 받을 수 있는 후원금은 1억 5,000만 원(선거가 있는 해에는 3억 원)이다. 정치 후원금은 내역 공개, 영수증 발행, 선관위 신고 및 회계 검사 등이 의무화돼 있다. 이러한 조항으로 인해 이름이 알려지지 않은 의원의 경우 법적 한도를 넘기기가 '하늘에 별 따기'다. 결국 조직적으로 산하기관 등에 압력을 행사해 후원금을 걷을 수밖에 없다. 16대 국회 말인 2004년 3월 국회를 통과한 정당법, 공직선거법, 정치자금법 개정안 등 이른바 '오세훈법'이 정치인의 정치자금 모으는 행태에 큰 변화를 준 것이다.

이전에는 집회식, 개인후원회, 정당후원회 등을 통해 국회의원들은 정치자금을 모을 수 있었다. 그리고 이 액수는 어느 정당, 정

	2008	2009	2010	2011
비례대표	43억여 원	53억여 원	42억여 원	33억여 원
지역구	591억여 원	358억여 원	435억여 원	277억여 원
총계	634억여 원	411억여 원	477억여 원	310억여 원

후원금 모금액수 변화

치인 할 것 없이 막대하여 입법로비의 창구로 이용되고 있었다. 그러다 보니 생긴 폐해를 막기 위해 오세훈법이 도입되었고 이는 일정 정도 그 역할을 수행하고 있다고 본다. 반면 뛰는 놈 위에 나는 놈이 있다고 오세훈법이 도입되고 나서 생긴 부작용 또한 발생하고 있다. 발생한 부작용은 대개 돈은 필요한데 기존 방법이 사라졌기 때문에 생긴 새로운 후원금 모집 방식이다. 일명 '쪼개기 후원금'이라고 하여 개인이 10만원씩 기부하는 것이 생겼다. 이는 현행법상 개인이 기부한 정치자금에 대해 최대 10만원의 세액을 공제해주는 것을 악용하는 것이다.

10만 원 이하는 사실상 그대로 돌려받는 것이기 때문에 이러한 방식으로 국회의원의 후원금 한도를 채우려는 시도가 벌어지고 있는 것이다. 연말까지 법정 모금 한도액을 달성하지 못하면 의원실별로 비상이 걸리고 보좌진도 바빠진다. 가장 쉽게 후원금을 모집할 수 있는 곳은 소속 국회의원의 피감기관이 그 대상이다. 전직 보좌관 출신은 한 언론 인터뷰를 통해 "가장 만만한 피감기관에 부탁하면 보통 소속 직원 50명 정도(500만원)의 주민등록번호와 전화번호는 물론 후원금 영수증을 받을 수 있는 주소까지 넣은 명단을 의원실로 가져다준다."고 밝혔다.

오세훈법 시행 10년이 지나 이런 부작용이 드러나기 전에도, 입법 초기 당시 대다수 의원은 '급조된 법'이라며 개정 의지를 불태웠었다. 그러나 10년이 지난 현재 개정은커녕 이를 악용하고 있다. 선관위에서는 18대 국회에 이어 19대에도 이를 개정해야 한다는 의견을 국회에 제출하고 있지만 묵살당하고 있는 처지이다. 그러는 동안 탈법과 편법 사이를 오가는 의원들의 행태에 선관위는 선관위대로 규제할 만한 근거가 없어 두 손을 놓고 있다. 그러는 사이에 국회의원들은 소수의 의원들만 한도를 채우는 후원금 제도보다는 출판기념회처럼 다른 방식으로 정치자금을 모으는 것을 생각해내는 것이다.

중앙선거관리위원회가 2014년 3월에 공개한 2013년도 국회의원 후원회 모금액 현황에 따르면 새누리당 의원들은 195억 4,972만원, 민주당 162억 6,966만 원, 통합진보당 8억 6,924만원, 정의당 7억 7,995만원, 무소속 7억 2,328만원씩이 각각 집계됐다. 국회의원 개인별 모금으로는 정의당 박원석 의원이 1억 9,517만원으로 전체 1위를 기록했다. 2위는 정의당 심상정 의원(1억 9,403만원), 3위는 민주당 유기홍 의원(1억 9,397만원)이 그 뒤를 이었다. 평균 모금액으로 봤을 때 재선의원들이 초선의원들보다 약 1,700만원을 더 모았다. 후원 한도 액수인 1억 5,000만 원을 넘긴 의원은 87명이었다.[13] 반면 모금액을 가장 적게 모은 사람은 6선 의원인 민주당의 이해찬 의원이다. 정치 후원금 총액은 1,350만원이었다.

또 의원 사이에서도 후원금을 기부한 사례도 있다. 새누리당

순위	의원명	소속정당	선수	모금액수
1	박원석	정의당	초선(비례대표)	1억 9,517만원
2	심상정	정의당	재선	1억 9,403만원
3	유기홍	민주당	재선	1억 9,397만원
4	이상직	민주당	초선	1억 8,090만원
5	김영주	민주당	재선	1억 7,769만원
6	김윤덕	민주당	초선	1억 7,470만원
7	권선동	새누리당	재선	1억 7,043만원
8	박주선	무소속	3선	1억 6,965만원
9	이목희	민주당	재선	1억 6,750만원
10	주호영	새누리당	3선	1억 6,697만원

2013년 국회의원 후원금 모금액 상위 10위

최경환 원내대표는 같은 당 비례대표 이자스민 의원에게 1년 후원한도액인 500만원을 기부했다. 한편 전남도지사 선거 출마를 선언한 이석형 전 함평군수는 새정치연합 안철수 의원에게 400만원을 기부했다. 새누리당 류수철 서울시의원은 500만원을 같은 당 김을동 의원에게 기부했다. 위의 두 경우에는 같은 지역구 시·구의원, 지방선거 후보자들로서 정치계의 갑을관계도 나타내고 있다. 의원에게 잘 보이고자 하는 성격의 후원금도 들어오는 것이다. 일종의 보험의 성격인데 법에 저촉되지는 않지만 국회의원이 지방의원이나 단체장의 공천에 영향력을 행사하기 때문에 이를 막아야 한다는 지적이 있다. 물론 이를 제도적으로 막아도 보이지 않는 곳에서 음성적으로 의원간의 거래는 있을 것이다.

한편 후원 한도액수를 1억 5,000만 원에서 더 늘려야 한다는 이야기가 나오는 것에는 다음과 같은 현실 사정이 있다고 한다. 예를 들어 지역구에 기반을 둔 국회의원의 경우 지역구 사무실도 운영해야 되는데 이 비용을 보통 1억 원대 선으로 보고 있다. 기본적인 인건비와 함께 사무실 임대비용과 차량 렌트, 공과금 등을 포함하면 지역구 사무실 하나당 연간 1억 원의 비용이 든다는 것이다. 그러면 후원금을 1억 5,000만 원으로 꽉 채워서 받았더라도 남는 돈이 5,000만 원이라는 계산이 나온다. 만약에 그 해에 정치적 이벤트가 있어 전당대회나 지방선거 출마 등이 있다면 비용은 더 늘어나게 된다. 지난 새누리당 3차 전당대회 때에도 출마 후보자 가운데 일부는 별도 사무실 없이 의원실을 캠프로 쓰기도 하였다. 그리고 기존 보좌진을 그대로 캠프에서 일을 하게 했다. 이렇게 되면 의원의 입법 활동은 사실상 마비되는 것이다.

특히 돈이 없는 초선의원들을 중심으로 정치자금 현실화를 외치며 한도를 늘려야 한다는 목소리가 크다. 의원들 후원금의 평균액수가 1억 2,816만원으로 나왔는데 이 평균액수는 후원금 한도로 인해 형성된 것이라는 말도 나온다. 한도가 더 늘어난다면 평균액수도 올라갈 여지가 많다는 것이다. 지금처럼 출판기념회를 통해 음성적으로 모을 후원금을 수면 위로 올려서 정식 후원회를 통해 받자는 것이다. 그렇게 되면 고액에 대해서 명단공개와 선관위 신고가 필요하기 때문에 청탁성 후원은 줄어들게 되고, 의원은 의원대로 부족한 정치자금을 더 받을 수 있다는 것이다. 다만 이에 대해서도 기존에 받고 있는 금액 안에서 효율적으로 운영한다면 굳이 후원한도를 늘리지 않아도 된다는 반론도 있다.

그러나 언젠가는 합법적으로 정치자금을 모을 수 있는 후원금 제도에 손질이 필요할 것이다.

11.

'방탄국회'는 여전하다

면책특권

헌법 제45조는 '국회의원은 국회에서 직무상 행한 발언과 표결에 관하여 국회 외에서 책임을 지지 아니한다.'라고 규정하고 있다. 그리고 이 법에 의해 국회의원에게 발언과 표결의 자유, 즉 면책특권이 발생하게 된다. 면책특권은 1689년 영국의 권리장전에서 최초로 명문화되었고, 우리나라의 경우 제헌헌법에 규정된 이후 현행 헌법까지 이어지고 있는 것이다. 이는 권력분립의 원칙에 따라 입법권을 담당하는 의회의 독립성, 자율성을 제도적으로 보장하려고 만든 것이며, 상대적으로 수사권과 정보를 장악하고 있는 사법, 집행들의 부당한 탄압을 방지하고자 한 것이다. 전체 국민의 대표자이기 때문에 외부 세력의 압력 없이 양심에 따라 직무를 수행하라고 '국회'에서 한 발언, 표결에 대해서는 책임을 면해주는 것이다.

국회 본회의 또는 위원회회의석상에서 직무상 해당하는 것이라면 질의, 토론, 연설 등 모든 의사표시가 면책특권에 해당하고 표결도 포함된다. 더 나아가 본회의나 위원회에서 발언할 내용을 원내기자실에서 출입기자들에게 배포하는 행위, 정부에 대한 자료제출요구 등도 포함된다. 실제로 1997년 11월 추미애 의원이 국회 예산결산특별위원회에서 '국민신당의 부산 건설업체 자금 유입설' 관련 발언을 하면서 보도 자료를 사전에 기자실에 배포하였다. 이에 대해 국민신당은 "기자실 자료 배포는 면책특권에 해당되지 않는다."며 추미애 의원을 고소했었는데, 검찰은 보도 자료 배포도 국회의원 직무의 연장선상에 있다고 보고 면책특권을 인정했다.

면책특권이 해당된 또 하나의 유명한 사례는 1986년 유성환 신민당 의원이 국회에서 "국시는 반공이 아니고 통일이 돼야 한다."고 발언한 것이 있다. 이로 인해 국가보안법 위반 혐의로 기소되었지만 대법원은 1992년 면책특권을 인정해 무죄선고를 내렸다.[14] 그 당시 유성환 의원은 '통일이나 민족이라는 용어는 공산주의나 자본주의보다 그 위에 있어야 한다.'는 등 통일을 위해서라면 공산화통일도 용인하여야 한다는 취지 등을 담은 원고를 기자들에게 배포하였다. 1심에서는 징역 1년과 자격정지 1년을 선고받았지만 대법원이 무죄판결을 하게 된다.

후에 면책특권이 뜨거운 감자가 되었던 사건은 2003년 한나라당 허태열 의원이 예결위 대정부질의에서 "썬앤문 그룹 김성래 전 부회장이 '노무현 당시 대통령 후보 측에 이호철 비서관을 통해 95억 원을 줬다.'고 하는데 왜 조사를 안하느냐?"고 말한 것이다. 이 발언에 대해 당시 이호철 대통령국정상황실장이 허태열 의원을 상대로 손해배상 청구소송을 하였다. 2007년 대법원은 "발언 내용이 허위라는 점을 인식하지 못했다면 발언 내용에 다소 근거가 부족하더라도 직무수행의 일환으로 이뤄진 이상 면책특권의 대상이 된다."고 판결하였다.[15]

이러다 보니 의원들이 면책특권을 방패로 국회에서 근거가 부족한 허위, 비방성 폭로를 하며 책임을 지지 않는 것에 대한 문제제기가 커지고 있다. 물론 면책특권은 명백히 허위임을 알면서도 허위 사실을 적시해 타인의 명예를 훼손하는 경우, 발언이 아닌 폭행 등에는 적용되지 않는다. 그러나 허위임을 인식하지 못했다면 면책특권의 대상이 된다고 보았기 때문에 의원들 입장에서는 마구잡이로 폭로하고서는 허위임을 인식하지 못했다고 하면 면책특권에 해당할 수 있다. 그래서 국민들뿐만 아니라 헌법학계와 법조계의 전문가 그리고 국회의원 스스로도 면책특권을 제한하자는 자성의 목소리가 나오고 있다. 국회의원이 자신의 양심에 따라 사실이라고 하는 얘기를 국회 밖에서는 처벌을 받을까 겁나고 국회 안에서는 처벌을 안 받으니까 얘기한다면, 그 내용이 설사 진실이라도 정치적인 공세가 담겨있음을 보여주는 것이다.

스웨덴 국회의원에게는 면책, 불체포특권 자체가 없다. 독일의 경우 면책특권은 있어도 독일기본법 제46조1항 단서로 '국회 내의 행위라고 하더라고 모욕적이거나 명예훼손적인 경우에는 면책되지 않는다.'라고 명문화 되어있다. 우리 국회법에도 제146조로 "의원은 본회의 또는 위원회에서 다른 사람을 모욕하거나 다른 사람의 사생활에 대한 발언을 할 수 없다."고 되어있다. 그리고 동법 155조로 이를 위반하였을 때 윤리특별위원회의 심사를 거쳐 그 의결로써 이를 징계할 수 있다. 국회 외에서는 책임을 지지 않더라도 이것은 어디까지는 법적 책임이지 정치적으로는 국회 내부에서는 징계처분이 가능하고, 소속 정당에서도 징계처분이 가능하다고 본다.

하지만 현실적으로는 의원들은 정치적인 책임도 면책되고 있다. 면책 특권이 오·남용되는 것에 대한 비판을 의식하여 국회는 2010년 5월부터 의원 징계에 관한 윤리특위의 자문기구로서 외부인으로 구성된 윤리심사자문위원회를 설치하였다. 그러나 이 자문기구는 아무런 역할을 수행하지 못하고 있다. 국회 윤리특별위원회에서 해당 의원에게 내릴 수 있는 제재는 본회의 석상에서의 국회의장 경고, 본회의 사과, 30일 이내 출석정지, 의원직 제명 등 4가지다. 2004년 한나라당 주성영, 박승환 의원들에 대해 징계건이 발의되어 2005년에 각각 사과, 경고로 제재가 결정되었다. 그런데 이 제재 결정안을 본회의에 상정해놓고 처리를 미루더니 결국에는 임기 만료로 자동 폐기 되었다. 그래서 국회윤리위를 통해 실제로 제재를 받은 경우는 단 한 건도 없는 것이다. 아니면 말고 식으로 무책임한 발언을 해도 국회의원의 팔은 안으로 굽어 제재도 하지 않고 있다.

비교적 자유민주주의가 강하고 면책특권이 강한 미국 내에서도 면책특권이 남용되는 사례가 많아 고민이 깊어지고 있다. 미국은 연방헌법을 통해 상·하원 의원들의 면책특권을 인정하고 있다. 연방헌법 1조 6항은 '양원의 의원이 원내에서 행한 발언이나 토론을 원외에서는 책임지지 않는다.'고 규정하고 있다. 그런데 이 법 조항이 국회의원들의 부패수사의 회피도구로 이용되고 있는 것이다. 2007년 워싱턴 D.C. 항소법원이 FBI의 윌리엄 J. 제퍼슨 의원 사무실 수색을 위헌으로 결정한 판례 이후 그 경향은 더 심해졌다. 심지어 헌법에 저촉될 것을 우려해 미국 정부는 공화당 톰 피니 전 의원과 존 T. 두리틀 의원을 기소조차 하지 않고 수사를 중단했다. 그러다 보니 사실상 의원들의 부패수사가 불가능해지는 것이 아닌가 하는 여론이 형성되고 있다.

이런 부작용으로 말미암아 독일의 사례 등을 참고해 면책특권을 손질하기 위해서는 헌법 45조의 개정, 즉 개헌이 필요하다는 주장에 힘이 실리고 있다. 만약 국회법 등 하위 법에 면책특권 적용대상 예외 규정을 신설하는 방안을 해도 언제든지 위헌이 될 수 있다. 여야 간 합의를 통해 면책특권 개정이 되어야 한다. 이는 반드시 논란을 일으키며 첨예한 대립이 이루어지기에 합의도 어려울 것으로 보인다. 헌법을 개정해야 면책특권은 물론 불체포 특권에 대해서도 보완할 수 있는 장치를 만들 수 있는데도 말이다.

불체포특권

헌법 제44조 ①국회의원은 현행범인인 경우를 제외하고는 회기 중 국회의 동의없이 체포 또는 구금되지 아니한다. ②국회의원이 회기전에 체포 또는 구금된 때에는 현행범인이 아닌 한 국회의 요구가 있으면 회기중 석방된다.

바로 위의 규정이 국회의원들의 불체포특권을 규정하고 있는 조문이다. 이 특권은 1603년 영국의 의회특권법에서 명문화되었으며, 우리나라의 경우 제헌헌법에 규정된 이후 현행 헌법까지 이어지고 있다. 불체포 특권은 면책특권과 달리 범법행위 자체의 형사책임을 면제해주는 것이 아니다. 회기 중 체포를 일시적으로 유예해주는 것이다. 회기는 집회일부터 폐회일까지 기간을 말하기 때문에 휴회도 포함한다. 제도를 만든 취지는 면책특권과 같이 외부로부터의 부당한 압력을 받지 않게 국회의원의 입법 활동을 보호해주는 것이다. 형사소송법 상의 강제처분을 포함하여 경찰의 보호, 감호, 격리 처분 등 같은 행정상의 강제처분도 불체포특권에 포함된다. 회기 전에 체포, 구금되었더라도 국회의 요구가 있으면 석방해야 한다. 참고로 계엄령이 선포된 때에는 회기 중이 아니더라도 현행범이 아닌 이상 불체포특권이 인정된다.

이런 불체포 특권에는 예외가 있는데 현행범은 불체포특권이 인정되지 않는다. 현행범은 범죄행위가 객관적으로 명백해서 부당한 체포나 구금이 될 위험이 없기 때문에 국회의원이라고 하더라도 특별히 보호할 이유가 없다는 것이다. 그리고 다른 한 가지 예외가 있는데 바로 국회의 동의가 있다면 회기 중에라도 의원을 체포, 구금할 수 있다. 2005년 7월부터 의장은 정부의 체포 동의 요청을 받은 후 처음 개의하는 본회의에 이를 보고하고, 본회의에 보고된 때부터 24시간 이후 72시간 이내에 표결하도록 하고 있다. 국회의 동의를 구하기 위해서는 관할 법원의 판사가 영장을 발부하기 전에 체포동의요구서를 제출하여 국회에 체포동의를 요청해야 한다. 또한 불체포특권의 오남용을 막고자 체포·구금된 의원의 석방요구 발의기준도 국회의원 20인 이상에서 재적

의원 1/4 이상으로 강화하였다.

2014년 이와 관련하여 국민들의 공분을 사게 만든 사건이 있다. 국회가 철도 비리 혐의로 구속영장이 청구된 새누리당 송광호 의원에 대한 체포 동의안을 부결시키면서 '방탄 국회'를 고수한 것이다. 이에 언론들은 일제히 '뻔뻔한 처사'라고 비난을 쏟아냈다. 송광호 의원에 대한 체포 동의안이 총 투표수 223표, 가결 73표, 부결 118표, 기권 8표, 무효 24표로 압도적인 차이로 부결된 것이다. 여당인 새누리당 의원의 대부분과 야권 의원 일부가 반대 내지 기권, 무효를 선택했다. 이번 결정이 어떠한 당론이 아니라 의원들의 자유 투표였다는 것이 더 충격적이다. 여야 서로 국회를 혁신하겠다고 하더니 제 식구 감싸기, 동업자 정신은 이렇게 결정적인 곳에서 나타난다.

김무성 새누리당 대표는 투표 전까지 "체포동의안이 국회에 오면 원칙대로 처리하겠다. 비리 의원을 감싸지 않겠다."고 말해왔다. 2014년 8월 관훈클럽 초청토론에서는 "불체포특권은 기득권을 내려놓는 차원에서 우리 스스로 법이 바뀌기 전이라도 실천하겠다."고 밝힌 바 있다. 이완구 원내대표도 "송 의원은 더욱 성실하게 수사에 임하면서 사건 실체 규명에 적극 협조해야 할 것"이라고 말했다. 방탄 국회는 없다는 입장이었던 것이다. 그러나 투표 결과는 예상하는 대로 나왔고 이에 대해 정치권에서는 김 대표, 이 원내대표 모두 자유 투표에 이견이 없었던 만큼 부결될 가능성을 어느 정도 예상했다는 지적도 나온다. 방조라고밖에 표현할 수 없는 것이다. 야당도 비난에서 결코 자유로울 수 없다. 당 차원의 전략도 없고 투표수를 보아 야당 내부에서도 반대표가 나온 것은 부정할 수 없다.

이번에 체포동의안이 나온 송광호 의원의 경우 그 혐의가 철도비리 의혹으로 관피아 척결과도 밀접한 연관이 있다. 관피아는 전·현직 관료가 현직 공무원, 공기업, 공공기관, 산하기관, 유관 공적기관, 이해관련 민간 기업을 낙하산으로 떠돌며 끈끈한 사적인 경제적 이해관계를 공유하는 커넥션을 형성하는 것을 말한다. 이들은 특유의 끈끈한 상명하복과 '의리'로 무장하여 밀어주고 끌어주며 중세의 영주와 가신간의 관계에 못지않은 '이해 공생체'를 이루었다. 그리고 이들이 서로의 이익을 챙기는 동안 온갖 부정부패가 벌어지고 막대한 사회적 비용이 발생하여 결국 국민들에게 피해를 입힌다. 송광호 의원의 체포동의서에 나온 내용을 보면 그는 레일체결장치(rail fastening) 납품업체 대표로부터 11차례나 거액을 수수했다고 돼 있다. 전형적인 업계와 정·관계의 유착고리를 보여주는 것이다. 이를 국회의원들이 나서서 끊어야 함에도 불구하고 도리어 의원들은 '언젠가 나도 대상이 될 수 있다.'는 위기의식 속에서 체포에 반대하였다.

하지만 의원들에게 곧 더 큰 위기가 찾아올 것이다. 국민의 대표로 뽑은 것인데 특권만 누리고 부정부패를 눈감아주는 평범한 사람의 양심보다 못한 행동에 국민들이 가만히 앉아 있지 않을 것이다. 여론의 심각함을 느꼈는지 체포동의안이 부결된 후 부랴부랴 불체포특권의 맹점을 지적하며 일단 불부터 끄려는 시도도 있었다.

새누리당 김무성 대표는 체포동의가 부결된 바로 다음날 국회에서 취재진과 만나 "송광호 의원 본인이 재판을 받겠다고 하고 영장실질심사를 받겠다고 하는데 법 때문에 못 받는 난감한 일이 벌어졌다."며 "이걸 해결하려면 헌법을 바꿔야 한다."고 말했다고 한다. 그러면서 "법을 검토해 보라고 했는데 현재로선 헌법을 바꾸기 전엔 안 된다고 한다."며 "그렇다면 체포동의안을 무조건 가결해줘야 하는데 그걸 강제할 수는 없다."고 말했다. 여기에 검사 출신 새누리당 박민식 의원은 "기본적으로 체포안 처리는 형사처벌에 관한 것이기에 국회의원들은 마치 판사의 입장에 서는 느낌"이라며 "내용을 모르는 판사가 사람을 마음대로 감옥에 보낼 수 없듯이 내용 파악이 안 된 상태에서 국회의원들이 체포안을 무조건 찬성하기가 쉽지 않다. 지금의 체포동의안 처리 절차는 눈 먼 장님에게 표결을 강요하는 형국"이라고 지적했다. 정말로 의원들의 말대로 혐의자가 자진출석하려는 의사가 진실이고 동료 국회의원들은 무죄인 사람을 처벌할 걱정 때문에 소극적이었던 것일까?

이런 일은 계속 반복되던 일이다. 2012년 정두언 새누리당 의원에 대한 체포동의안도 부결되었다. 1987년 이후 제출된 체포동의안 40여건 중 가결된 것은 5건이었다. 19대 국회 들어서는 체포동의안이 9차례 제안됐으나 이들 중 가결된 것은 세 차례에 불과하다. 2012년 무소속 박주선 의원과 무소속 현영희 의원, 그리고 2013년 통합진보당 이석기 의원에 대한 체포동의안이 통과됐다. 모두 소속이 없거나 소수당 소속의 의원들이다. 각 당에서 부결 안에 동의한다고 해도 거대 여야당의 협조 없이는 체포를 막을 수 없는 처지였다. 여기서도 또 힘의 논리가 작용되고 있다.

불체포특권이 세계 모든 나라에서 인정되고 있는 것은 아니다. 네덜란드, 노르웨이 등은 불체포특권이라는 것이 아예 존재하지 않는다. 영국은 민사사건에만 적용한다. 반면 우리는 별도 규정이 없어 민형사상 모든 사건에 대해 불체포 특권이 적용된다. 독일과 프랑스도 민형사 모두 불체포특권을 인정한다. 일본의 경우 체포에 대해서만 불체포특권을 보장하고 소추에 대해서는 규정하지 않기 때문에 회기 중이라도 불구속으로 형사소송을 하는 것이 가능하다.

미국도 여러 판례에 의해 불체포 특권이 민사사건에만 적용된다는 해석이 지배적이다. 그리고 내란죄, 중죄, 치안방해죄의 경우에는 불체포특권이 인정되지 않는다. 이 치안방해죄에는 각종 경범죄까지 포함된다. 그래서 미국에서는 연방하원의원들이 시위에 참석해 도로를 점거하는 불법을 저지른 혐의로 두 팔이 묶인 채 경찰에 연행되는 모습을 종종 볼 수 있는데, 우리의 국회의원들은 집회 및 시위에 관한 법률을 대놓고 어기고 있다. 원래 옥외집회신고는 48시간 전에 해야 한다. 그런데 판결로 집시법상 '20m이상 떨어진 장소는 동일 장소가 되지 않는다.'고 나와서 합법적으로 시위를 하려고 만들어진 것이 릴레이 1인 시위이다. 집시법의 틈새를 노린 것인데 그러다 보니 시위 장소에서 실제로 사람과 사이의 간격이 20m가 되느냐를 가지고 경찰과 시위대가 충돌하기도 한다.

세월호 특별법으로 강경투쟁에 나선 새민련 의원들이 2014년 8월 27, 28일 양일간 광화문에서 피켓시위를 벌였는데 광화문광장을 담당하는 종로경찰서에 정식으로 집회신고를 하지 않았다. 새민련 의원들의 피켓은 누가보아도 다닥다닥 지근거리로 붙어있어 1인 시위라고 볼 수 없었지만 시위 참가자 중 어느 누구도 경찰에 연행된 사람은 없었다. 오히려 시위 도중 종로경찰서 경찰 관계자가 "3m 간격도 집시법 위반"이라며 의원들의 간격을 20m로 벌릴 것을 요구했는데 의원들 사이에선 "해도 너무한다!"는 반응이 나왔다고 한다. 경찰이 집시법 위반으로 해산조치하겠다는 경고를 하자 김영록 원내수석부대표는 "어제 (경찰과) 3m 간격으로 서 있기로 합의했다."며 "불법이 아니다."고 말했다. 이 말뜻은 경찰과 합의만 했다면 집회신고를 하지 않아도 시위가 합법화된다는 것인가? 법 앞에서 만인이 평등한 것인데도 특혜를 많이 받아 온 국회의원들은 평소처럼 법을 무시해도 괜찮다고 생각했을지도 모른다.

이렇게 의원들이 평소에도 특권의식을 가지고 활동을 하다 보니 국회의원은 권위주의적이라고 국민들이 평가를 하는 것이다. 국민들이 국회가 가장 시급하게 쇄신해야 될 사항 중 1위를 연금제 폐지, 2위가 불체포·면책특권 제한으로 꼽는 것은 그동안 평범한 국민들이라면 죄를 지었을 때 경찰이 수사하고 법원에서 판결받는 일련의 당연한 수순을 국회의원들은 그 신분으로 거치지 않았기 때문이다. 불체포특권이 가지고 있는 의미를 생각해서는 신중하게 접근해야겠지만 오남용을 막기 위해서는 반드시 추가적인 헌법 개정이 필요하다. 지금까지 말로만 국회혁신, 특권 내려놓기를 외쳐왔기 때문에 입법행위의 안정을 위해 필요한 법을 한낱 자신들의 신변보장도구로 사용하는 것이다. 국회에게 자정능력을 기대하기에는 너무 늦었다. 제도적인 개혁이 필요할 때이다.

12.

외국에서는 국회의원을 어떻게 대우하나

우리 국회의 이렇게 화려한 특권들을 본 외국인들은 “믿을 수 없는 혜택”이라며 입을 모은다고 한다. 자신들의 나라에서는 허용되지 않는 수많은 특권들을 보고 “이런 것이 필요한 이유가 무엇인가?”를 도리어 묻기도 하였다. 그만큼 외국의 국회 대우는 우리와 다르다는 것인데 대표적으로 언급되는 곳이 스웨덴이다.

스웨덴의 경우 국회의원 자체가 봉사직으로 인식되고 있다. 이들 국회에서는 무노동 무임금의 법칙이 적용되어 일정한 월급이 아닌 주급(週給)을 받는다. 그 주에 일을 했다면 세비를 가져갈 수 있지만 그렇지 않다면 세비는 받지 못하는 것이다. 또한 대부분의 나라가 헌법으로 보장하는 국회의원의 면책, 불체포특권이 없다. 관용차나 운전기사가 없고, 해외 출장 시에도 이코노미석을 이용해야한다. 당연히 공무상 지출한 비용에 대해서는 영수증 등 증빙자료를 챙겨 의회에 제출해야 돌려받을 수 있다. 개인보좌관도 없으며 그나마 지원되는 1명의 정책보좌관이 여러 명의 의원을 동시에 지원하고 있다. 그러다 보니 국회의원이 힘들어서 그만두는 사람도 있다고 한다.

이런 분위기를 만들어 낸 것은 스웨덴 국민들의 높은 투표율로 반영되는 정치에 대한 관심과 정치인과 국민 사이의 강한 신뢰이다. 스웨덴에서는 정치축제인 '알메달렌'이 있는데 이를 통해 국민과 정치인이 끊임없이 정책에 대하여 토론할 수가 있다. 알메달렌이라는 곳은 원래 해변 휴양지인데 지금은 그 경치보다도 거기서 벌어지는 독특한 정치축제로 더 알려져 있다. 각 정당들은 이 축제에 나와 자신의 정당을 소개, 홍보하고 정책에 대해 즉석에서 토론을 한다. 스웨덴 국회의원들의 중요한 업무 중 하나가 국회의사당 투어 가이드라고 할 정도로 국민들 곁에서 정치인들이 특별한 대우 없이도 봉사하고 있는 것이다.

스위스는 정당과 의원은 있지만 여야의 개념이 없는 정치풍토를 가지고 있는데 이는 실제로 선거결과를 보아도 그렇다. 결과를 보면 다른 나라에 비해 정당지지율이 고르게 나타나는 편이다. 또한 의원의 90% 이상이 직업정치인이 아니라 본업을 따로 가지고 있어 생업과 의정활동을 나누어 활동하고 있다. 의원들에게 우리와 같은 사무실 제공, 보좌관 지원과 같은 특혜도 없다. 한 달 봉급은 500만 원 선이고 보좌관인건비로 250만원을 지원받는다. 이동수단 중에서 기차는 무료로 이용이 가능한데 국회의원을 직업으로 인식하다기보다는 봉사하는 사람이란 인식이 강하다. 그래서 의원 스스로가 특권의식으로부터 자유롭다. 개인이 평등하다는 인식이 강해서 한 개인이나 집단에게 권력을 몰아주는 것을 경계한다.

외국의 사례들로 보아 우리 국회가 받는 특혜가 좀 과다하다는 것을 알 수 있다. 그러다 보니 이런 비판에 대응하고자 국회사무처에서 '국회의원 권한 및 지원에 대한 국내외 사례 비교'라는 책자를 발간하여, 실제로 외국에 비해 과다한 것이 아님을 설명하고 있다. 국회사무처의 설명에 따르면 연간 세비 총액은 일본, 미국, 독일, 한국 순으로 우리나라 국회의 세비가 그렇게 높은 것이 아니라고 하고 있다. 프랑스와 영국은 한국 국회보다 낮은 수준이었지만 프랑스, 영국, 독일은 세비 외에 퇴직수당을 별도로 지급하고 있어 총계를 따지면 엇비슷하거나 더 많다는 설명이다. 게다가 영국은 외부소득에 대한 제한이 없어서 국회의원 세비 외에 더 많은 금액을 받을 수 있다. 미국의 경우 급여의 15%까지 외부 수입이 가능하다.

하지만 이러한 세비액수도 직접적인 금액 비교만 하면 안 된다. 각 나라별로 수준을 비교해서 그에 비해 국회의원들의 세비가 어느 정도 수준인지를 봐야한다.

GDP(국민총생산)수준으로 따지면 우리나라 세비가 1인당 소득보다 약 5배 정도 많다. 다른 국가들이 약 2~3배 많은 수준인 것

	한국	미국	프랑스	일본	영국
국회의원 세비	1억 3,796만원	1억 9,488만원 (1$=1,120원)	1억 2,695만원 (1€=1,750원)	2억 3,698만원 (1¥=10원)	1억 1,619만원 (1£=1,750원)
1인당 GDP	2만 3,800달러	5만 2,800달러	4만 3,000달러	3만 9,300달러	3만 9,000달러

과 비교하면 확실히 우리나라 국회의원들이 더 많은 세비를 받고 있는 것이다. 그리고 의원실 당 보좌직원(7인) 보수의 총액은 연간 약 3억 6,795만원이었다. 이는 주요 5개국과 비교할 경우 미국(연간 약 10억 9,163만원) 다음으로 높은 수준이다. 의원 사무실 규모도 다른 곳보다 넓은 수준인데, 행정부와 비교하면 우리 국회는 장관실(165㎡)과 비슷한 수준이다. 보좌관실과 회의실 등을 포함하면 구관은 163㎡이었고 새로 지은 신관은 149㎡이다. 하지만 장관실의 경우 비서를 포함해 4~5인이 사용하는 공간이라는 점을 고려하면 국회의원 사무실이 큰 편에 속한다.

제2의원회관은 건설액으로 총 1,881억원 이상이 들어 설립하기 전부터 초호화 논란을 빚었다. 국회 본청 뒤 안내실 양쪽에 해태상을 세우는 데에는 3,700만원이 들었다. 국회개원 60주년이라고 세운 65톤짜리의 거대한 기념비는 2억 1,000만원의 예산이 들어갔는데 그 모양새 때문에 왜 도입했는지 무수한 소문만 남겼다. 국회 부지 10만평에 있는 17만여 그루나 되는 나무와 잔디밭은 110~120만원의 월급을 받는 비정규직 조경관리사가 돌보고 있다. 거기다 17대가 끝나는 시점에서는 국회의원실 가구를 200만원짜리 책상과 70만원짜리 의자로 바꾸는 등 한 해 국회운영비용으로 쓰이는 돈은 엄청나다. 그런데 이러한 돈에 대해서는 관리감독이 부실하기 짝이 없다. 툭하면 리모델링으로 펑펑 낭비하면서 써도 그만이다. 이렇게 국회운영과 유지를 위해 지원되는 예산이 얼마인지 국민들은 잘 모른다.

물론 우리 국회보다 외국이 더 많은 지원을 해주는 경우도 있는데, 미국은 지역구 사무실 수당으로 연 2억 8,736만원을, 우편수당으로 연 5,693만원을 지원한다. 프랑스도 만만치 않은 운영경비수당으로 연 1억 316만원을 지급했다. 독일은 경비수당으로 연 7,371만원을, 우편수당으로 연 1,788만원을 지원하고 있었다. 영국의 경우 런던 외 지역 출신의원에게 주거시설 임대료 명목으로 연간 약 3,517만원을 지급 중이었다.

그러나 분명한 것은 전반적으로 외국의 국회의원 대우보다 우리 국회가 더 많은 것을 받고 있다는 것이다. 이를 나라 별로 비교해서 우리 국회보다 더 준다, 못준다로 천편일률적으로 구분지을 수 없지만 '특권이 과하다.'는 지적에서 벗어날 수는 없다. 국민의 대표로 선출된 국회의원에게 그에 걸맞은 대우와 일을 잘 수행하기 위한 지원은 필요하다. 그렇지만 국민들에게 국회의원의 특권이 과하다는 인식을 받는 근본적인 이유가 무엇인지 되짚어본다면, 거기에 9할 이상은 국회의원 스스로가 자초한 것이다. 스위스처럼 기본적으로 '국회의원은 열심히 일한다.'는 인식에서 비롯된 국민들의 격려가 아닌 '비판'을 받는 우리 국회, 그 이유는 다음 장을 보면 알 수 있다.

13.

부정부패가 들끓는 한국의 국회

국회 폭력

3권 분립은 자유주의적인 정치원리로서 국가권력의 집중으로 인한 폐해를 막고자 실행되는 원칙이다. 그중 입법 기관으로서의 국회는 항상 논란의 대상이며 세간의 주목을 받고 있다. 국회가 매번 좋은 의미로서 주목을 받는다면 좋겠지만, 애석하게도 그렇지 않은 경우가 많은 것 같다. 요즘에도 뉴스 헤드라인을 장식하는 국회의 모습을 보면 입법기관으로서의 모습보다는 총성 없는 전쟁터와 다름이 없다. 주먹다짐하고 서로 손가락질하며 욕하는 모습들이 국민들이 국회를 생각할 때 떠오르는 이미지라고 한다. 여론조사에 따르면 싸움꾼(28.6%), 부정부패·비리(15.8%), 권력

남용(9%), 밥그릇 챙기기(6.5%) 등 이것이 국회의 현실이다.[16] 국민에게 그 권한을 위임받은 국회가 어째서 국민들에게 이렇게나 멀어지고 만 것일까? 거기에는 국회에 소속된 국회의원들의 행태가 지대한 영향을 미쳤다.

특히 싸움꾼의 이미지가 굳어진 것은 미국 「TIME」지에까지 실릴 정도로 심각했던 18대 국회 덕분이다. 2009년 「TIME」지는 아시아판 최신호에서 아시아 민주주의의 후진성을 커버스토리로 다루면서 한국의 여야 의원들끼리 뒤엉킨 채 목을 조르는 등 물리력을 행사하는 국회 폭력사태를 담은 사진을 태국 시위대가 절규하는 모습 등과 함께 표지 사진으로 실었다. 예산안이 통과될 때 쯤이면 국회의원들이 격렬한 몸싸움을 벌이는 것을 볼 수 있는데 각 당마다 자신들의 입장에서 첨예하게 대립하며 타협 없는 정치력을 보여주기 때문이다. 예산안은 정치인들의 단골 투쟁소재이다. 그래서 예산안 통과는 항상 헌법에 정해진 회계연도 개시 30일 전까지[17]를 넘어선다. 그리고 날치기 통과가 된다.

18대 국회 때는 유난히도 국회의원들의 몸싸움과 폭력사건이 끊이지 않았는데 대표적인 사건 중 하나가 2011년 '국회 최루탄 테러'이다. 국회에서 최루탄을 터뜨린 혐의로 통합진보당의 김선동 의원이 3년에 걸친 재판 결과 대법원에서 징역 1년에 집행유예 2년을 확정 받았다. 전무후무한 이 사건으로 김선동 의원은 의원직은 상실했고 이에 대해 김 의원은 "독재정권과 불의한 정치 판사들이 국회의원직을 찬탈했다."고 주장했다. 김 의원은 민주 노동당 소속이던 2011년에 한미 자유무역협정(FTA) 비준동의안 심리를 막기 위해 국회 본회의장 발언대에서 최루탄을 터뜨리고 최루분말을 정의화 당시 국회부의장에게 뿌렸다. 이런 폭력을 행사하고도 김의원은 "폭탄이라도 있으면 국회를 폭파시켜 버리고 싶다."고 말했다. 국회는 이미 이 일로 망신살이 뻗쳐 폭파 직전까지 갔다. 외신들이 전 세계로 이 장면을 보도했기 때문이다.

이른바 '공중부양' 사건으로 널리 알려진 강기갑 통합진보당 의원도 국회 폭력의 아이콘이다. 강 의원은 2009년 1월 국회 본회의장 앞 로텐더홀에서 'MB악법저지' 플래카드를 제거해 달라고 요구한 국회 경위과장과 방호원에게 폭력을 행사하고 국회 사무총장실 탁자 위에 올라가 수차례 뛰면서 집기를 부순 혐의 등으로 기소됐다. 대법원은 기소된 강기갑 의원에게 벌금 300만원을 선고하였고, 공직선거법이 아닌 다른 법률을 위반했을 때는 금고 이상의 형을 받아야 의원직을 상실하기에 의원직은 유지할 수 있었다. 후에 강기갑 의원은 정계를 떠나 언론과 가진 인터뷰에서 공중부양 했던 것을 "지혜롭지 못했다. 방법은 내가 좀 현명하지 못했다."며 가장 후회되는 일로 꼽았다.

이런 국회 폭력은 국회의원들의 몸을 날리는 육탄전뿐만 아니라 막말과 폭언도 심각한 수준이다. 2011년 한미 자유무역협정(FTA) 비준동의안 처리를 둘러싼 여야 갈등 국면에서 정동영 당시 민주당 최고위원은 외교통상통일위원회 전체회의에서 김종훈 통상교섭본부장에게 "미국 파견관인지, 옷만 입은 이완용인지 모르겠다."고 말했다. 정의원은 한나라당 의원들을 겨냥해 "박정희 졸개, 전두환 졸개, 이완용의 졸개"라고 본회의장에서 말한 적도 있다. 2004년 한나라당 정두언 의원은 국회 사회·문화 대정부질문에서 "열린우리당이라고 이름 지은 사람이 잘못이지, 왜 부르는 사람이 잘못인가. 나는 앞으로 '열우당이라고 부르겠다."고 말했다. 당시 이해찬 총리가 "한나라당이 집권하면 역사는 퇴보한다, 한나라당은 지하실에서 '차떼기'하고 고속도로에서 수백억 원을 받은 당인데 어떻게 좋은 당이라고 할 수 있느냐?"고 말한 것에 대한 격론이 이어지면서 빚어진 일이다.

또 장광근 한나라당 의원은 2010년 국정감사장에서 4대강 사업과 관련, "임신으로 치면 5개월쯤 되는데, 며느리가 마음에 안 들던 시어머니가 임신 못하게 방해하더니 이제는 임신하니까 낙태시키라고 하는 격"이라고 말해 적절하지 못한 비유라며 여론의 비난을 받았다. 최종원 민주당 의원도 강원도지사 보궐선거 지원 유세 도중 "대통령 집구석 하는 짓거리가 전부 형도 돈 훔쳐 먹고 마누라도 돈 훔쳐 먹으려고 별짓 다하고 있다."며 "제대로 걸리면 감방 줄줄이 간다."고 말했다가 명예훼손 혐의로 불구속 기소된

바 있다.

정권 탄생 후 끊임없는 모독적인 언사에도 반응하지 않았던 청와대가 긴급 브리핑을 가질 정도로 파급력이 높았던 '귀태(鬼胎)' 발언은 어디까지가 비판이고 어디까지가 막말인지 보여준 사례이다. 민주당 홍익표 원내대변인이 오전 브리핑에서 '기시 노부스케와 박정희'라는 책의 일부를 인용, "귀신 귀(鬼)자에 태아 태(胎)자를 써서 그 뜻은 태어나지 말아야 할 사람들이 태어났다(는 것)."이라며 "당시 일본 제국주의가 세운 만주국이라는 괴뢰국에 만주국의 귀태 박정희와 기시 노부스케가 있었다."고 말했다. 그러면서 홍익표 대변인은 "귀태의 후손들이 한국과 일본의 정상으로 있다."며 박정희 전 대통령의 딸인 박근혜 대통령을 향해 문제의 발언을 하였다. 국회의원 스스로 고상한 엘리트층인 척 하지만 발언에 있어 우아한 품위를 기대하기는 앞으로도 어려울 것 같다.

불성실한 입법 활동

입법권의 수장 국회의원들이 자신의 일을 제대로 수행하지 않고 있다는 사실은 비단 어제오늘 일이 아니다. 1948년 개원하고 나서부터 200명으로 시작된 국회는 19대에 이르러 300명으로 정원

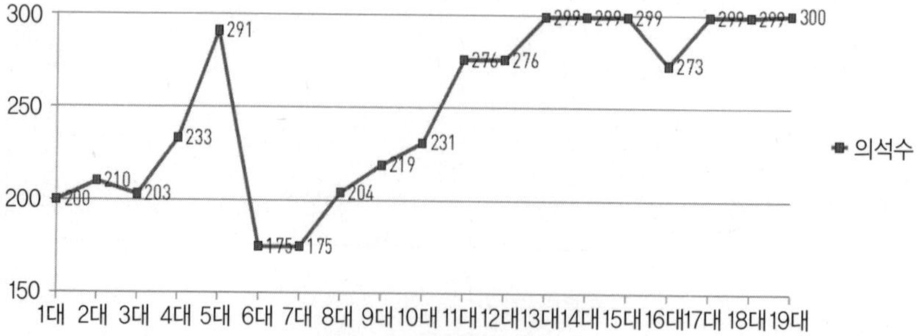

역대 국회의원들의 의석수

은 늘어났지만 비대해진 몸집만큼 성실하게 일을 했는지에 대해서는 의문이다.

보통 국회의원들이 한 해 동안 일을 제대로 했는지를 판단하는 지표로 국회에 제출되는 법안의 숫자를 많이 본다. 국회에 제출

	13대	14대	15대	16대	17대	18대
의원안	462	252	806	1,651	5,728	11,191
위원회안	108	69	338	261	659	1,029
정부안	368	581	807	595	1,102	1,693
합계	938	902	1,951	2,507	7,489	13,913

역대 국회의원들의 법안 제출 현황 (단위 : 건)

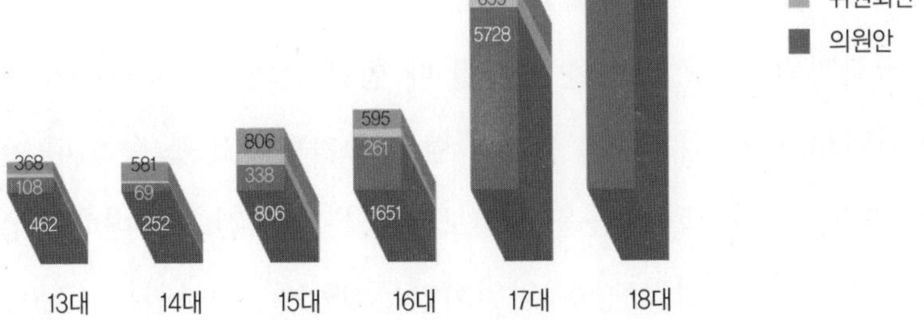

역대 국회의원들의 법안 제출 현황

되는 의안에는 법안 이외에도 동의안, 결의안, 예산안 등이 있는데 그 수는 다음과 같다.

표로 확인할 수 있듯이 의원들의 법안발의 건수는 기하급수적으로 늘어났다. 특히 의원들이 단독으로 내놓는 의원 안이 전체 발의 건수를 견인하며 가장 큰 증가폭을 보이고 있다. 주요 선진국과 비교해 보아도 우리나라의 국회의원 입법이 양적으로 얼마나 많은지 알 수 있다. 국회에 따르면 한국의 의원 1인당 연간 법안 발의는 18대 국회때 12.98건으로 영국의 0.06건의 234배에 이른다. 미국이 1인당 9.76건, 프랑스 1인당 1.31건, 독일 1인당 0.16건, 일본은 1인당 0.12건이다. 유달리 우리나라 국회의원들이 법안 발의를 많이 하고 있는 것인데 현재 진행 중인 19대 국회는 벌써 의원 1인당 연간 법안 발의가 16건을 넘어서고 있다.

그렇다면 이러한 발의건수를 토대로 볼 때 의원들이 갈수록 입법 활동을 성실하게 하고 있는 것일까? 꼭 그렇다고 보기는 힘들 것 같다. 입법의제 제안활동은 그 어느 때보다 활발해졌지만 이는 국회의원들의 성실성을 평가할 때 법안 발의건수를 근거로 삼게 되면서, 또한 의원수의 증가와 함께 증가했다고 볼 수 있다. 실제로 법안이 가결된 비율을 살펴보면 높은 발의건수에 비해 턱없이 모자란데, 18대의 경우 위원회안은 99.5%, 정부안은 40.8%, 의원안은 5.7%로 나타났다.

지난 20년 전에 비해 양은 38.1배로 팽창했지만, 발의 법안 10건 중 8건 이상이 폐기됐다. 이는 법안 내용 자체가 부실했거나, 심의 과정에 문제가 있었다는 의미다. 내용도 모른 채 법안 발의에 이름을 빌려주는 고질적인 행태도 여전하다. 다른 의원실의 법안을 베끼거나 단순 자구를 수정한 법안, 민원용 법안 등 건수를 올리기에 급급한 부실 법안들이 많아지고 있는 것이다. 의원 스스로의 입법역량이 부족하다는 지적이다. 행정부 산하의 연구기관과 싱크탱크는 질과 양에서 국회를 압도하고 있다. 의원은 큰 토대의 법률안을 만들고 나머지 세부내용은 모두 행정부가 만들도록 하는 입법안도 많아지고 있다. 입법에 대한 자신감이 없으니 법률로서 행정부를 견제할 수 있음에도 스스로가 포기하고 오히려 행정부에게 입법의 기능까지 과도하게 떠맡기고 있다.

만들기만 급급한 법안이다보니, 법안 폐기율도 급증하고 있다. 14대 국회에서 58.9%에 불과하던 의원법안 폐기율이 18대 국회에서는 82.2%까지 상승했다. 법안 폐기에는 대안 반영 폐기라는 것이 있는데, 이는 발의된 법안의 취지와 유사하거나 다른 상위 법안이 나오면서 대체될 수 있는 것들을 폐기시키는 것이다. 법안 발의의 내용 중 일부라도 다른 법안을 통해 승계되는 것이라고 볼 수 있는데, 이를 제외한 순수 폐기법안이 전체 발의 법안의 55.8%인 6,822건이나 됐다. 의원들이 만든 법안의 반은 속이 빈 알맹이가 없는 종이 조각이었다. 의원 발의는 국가 공무원인 보좌진, 국회 입법조사처·법제실 등의 조력을 거치는 만큼 법안이 폐기되면 그만큼 예산이 낭비되는 셈이다.

또한 18대의 경우 13,913건의 법안 중 본회의에서 부결로 처리된 법안은 7건뿐이다. 이런 현상은 법안이 위원회를 통해 상정되고 여기서 심사단계를 통과하게 되면 대부분 본회의에서는 가결이 된다는 것이다. 본회의에서 부결될 만한 법안은 위원회 과정에서 걸러지게 되면서 막상 본회의에 가서는 큰 무리 없이 통과되고 있다. 이런 점은 의원마다 각자가 소속된 위원회에 대한 일종의 전문성을 인정해주고 그 위원회에서 통과되었다면 별 문제가 없다고 판단하는 것으로 보인다. 효율성의 측면에서도 그 수가 급증한 법안들을 본회의에서 다 다루기에는 무리가 있다. 흥미롭게도 대부분 소관법안이 적은 위원회일수록 법안가결율이 올라가는 특징도 보이고 있다. 18대 때 법안 가결율이 가장 낮은 위원회는 보건복지위원회인데 보건복지위원회는 소관법안수가 전체에서 2위였다. 법안 가결율이 높은 것은 그 위원회가 심의과정에서 어느 정도는 유의미하게 쌀과 쭉정이를 걸러내는 기능을 한 것으로 보인다.

한편, 쪽지예산과 날치기로 상징되어지는 부끄러운 점도 빼놓을 수 없는 국회의 불성실한 태도이다. 계수조정 중인 동료 의원에게 자신의 지역구 민원을 담은 쪽지를 문틈으로 전달, 예산에 반영시키는 이른바 쪽지예산을 하기 위한 지역구 국회의원 보좌진들로 위원장실 앞 복도가 문전성시를 이루기도 한다. 2014년 예산안에서도 이런 쪽지 예산은 적게는 4,000억 원 많게는 1조원이라는 이야기가 나왔다. 당시 새누리당 최경환 원내대표 지역구의 경우 51억 5천만 원, 홍문종 사무총장도 66억 원을 배정받았고, 민주당 전병헌 원내대표와 정성호 원내수석부대표 지역구에도 각각 156억 원과 79억 원이 배정되었다. 예산 심사 과정에서 실세 의원들의 지역구에 많은 예산이 흘러간 것이다. 지역구 의원으로서는 다음 선거를 기약하기 위해서는 자신의 지역구에 많은 예산안을 가져오는 활약을 보여줘야 한다는 마음이 자연스럽게 쪽지예산으로 나타나는 현상을 보이고 있다.

평균 2주 남짓한 기간에 350조 원 안팎의 엄청난 정부예산을 결정하는 예산심사는 제대로 진행될 리 만무하다. 예산정책처의 지원을 받지만 사실상 국회의원들은 정부 예산안을 면밀히 들여다 볼 물리적인 시간량이 절대적으로 부족하다. 상임위가 8,000개가 넘는 세부 예산안을 심의했지만 예결위에서 이를 무시하고 원점에서 새로 논의하는 것이 다반사다. 그리고 50명의 예결특위 위원이 아니라 11명으로 구성된 예산안조정소위원회에서 사실상 예산안 수정이 이뤄진다는 것이 정설이다. 게다가 예산안 처리 막바지에는 여야 예결특위 간사와 기획재정부 예산담당자가 여의도 모처에서 만나 밀실 합의를 한다는 것이 정계에 잘 알려진 말이다. 기록이 남는 국회가 아닌 다른 장소에서 국민들이 모르는 사이에 예산안이 결정된다는 것은 국민을 무시하는 처사이다.

회기마다 벌어지는 벼락치기, 날치기 법안 통과도 심각한 문제 중의 하나이다. 여야가 쟁점 법안 한 두 개를 두고 다른 법안의 처리를 볼모로 묶어 서로 양보 없이 벼랑 끝으로 가는 일이 반복되고 있다. 2013년 12월 31일에도 2014년 새해 예산안의 처리로 마지막까지 여야가 대치하다가 해를 넘긴 1월 1일 오전 5시가 돼서야 의결되었다. 2013년에는 외국인 투자촉진법이 정쟁의 대상이었다. 2014년 4월 임시국회 때는 기초연금법 제정안으로 시끄러웠고 이를 끝까지 붙잡다가 보건복지위원회에 상정한지 6시간 만에 본회의로 상정되었다. 그리고 대기하고 있던 80여건의 다른 법안들은 기다렸다는 듯이 순식간에 본회의로 넘어왔다. 표결한 의원들은 자신들이 한 80여건의 법안들에 대해 기억하고 있을까?

예산안도 이정도인데 결산안은 더욱더 졸속심사에 가깝다. 일단 예산안이 통과되어서 요청된 금액이 나왔으면 이에 대해 제대로 쓰였는지 확인하는 절차도 무엇보다 중요한데, 의례적으로 국회의원은 문제 지적을 하고 정부부처는 간단한 사과를 하고 만다. 결산안 평가를 통해 해당 예산안에 대한 수정이 들어가는 일은 기대하기 힘들다. 예산 심의는 9월 중순부터 시작돼 약 3달 정도 거쳐 이뤄지는 반면, 결산 심사는 위원회 별 심사 2주, 예결특위 심사 2주 총 한 달 동안 이루어져야 한다. 결산이 예산편성 기간의 3분의 1 수준인 셈이다. 또한 예산을 받아쓰는 정부와 국회의원들에게는 예산안을 한 해 농사를 결정짓는 가장 중요한 일이라면 결산은 되도록 어떻게 쓰였는지 덜 알려지기를 바라는, 상대적으로 관심이 덜 갈 수밖에 없는 구조다. 결산안을 통해 낭비되거나 누수된 세금을 관리감독하고 다음 예산안에 이를 반영하는 것은 지금 현실에서는 꿈같은 이야기이다.

국정감사는 또 어떠한가? 국정감사는 행정부를 견제, 감시하는 국회의 핵심기능 중에 하나이다. 그런데도 실제로 진행되는 감사 일수는 매우 짧고 반면에 감사 대상 기관은 과다하게 많다. 18대 국회에서도 이런 행태는 계속되었는데 평균 약 15일 가량의 감사기간 동안 500개가 넘는 기관에 대해 감사를 실시하였다. 이는 하루에 35개의 기관, 위원회 별로 따지면 하루에 평균 2개 정도의 기관을 감사한 것이다. 이렇게 감사를 하는 것은 사실상 수박 겉핥기식이다. 피감기관들에게 국회가 과연 존재감이 있을지 의문이다. 국회의원들이 모양새만 내겠다는 식으로 피감기관들에게 자료제출만 엄청나게 요구하고 제출받은 서류는 검토하지 않는 것 같다는 불만도 터져 나오고 있다. 이런 상황이다 보니 피감기관을 모아 놓고 동시에 감사하는 일괄 감사의 방식이 선호되고 있고 이는 부실한 국정감사를 초래하고 있다.

2014년 국정감사는 8월과 10월로 두 차례로 나누어 분리 실시

	2008년	2009년	2010년	2011년	평균
감사일수	15일	15일	15일	14일	14.7일
감사 기관 수	478개	478개	514개	563개	508개

18대 국회 국정감사 현황

하기로 하였는데 이를 위해 '국정감사 및 조사법'을 6월에는 통과시키기로 했었다. 그런데 8월 26일에 하기로 한 1차 국정감사를 위해서는 적어도 8월 25일까지는 관련법을 통과시켜야 했다. 하지만 세월호 특별법 처리를 두고 여야가 씨름만 계속하다 첫 분리 국정감사는 무산되고 말았다. 애초 분리국감은 야당의 요구로 여야가 합의를 통해 도출된 것인데, 지금은 오히려 정기 국회기간 국정감사 일정도 오리무중이 되어 이 또한 지난 날과 마찬가지로 날림으로 처리될 가능성이 크다. 국정감사 분리 실시가 무산되면서 약 10억 원에 달하는 준비비용도 물거품이 되었다. 피감기관들이 예정되었던 8월 국감일정에 따라 준비해 놓은 각종 자료 제작과 의원들이 사용할 숙박시설, 이동수단 예약이 모두 헛돈으로 쓰이게 된 것이다. 특히 해외에서 국정감사를 진행하는 외교통일위원회의 경우 해외 숙박료 및 항공료에 대한 위약금만 해도 수억 원에 이를 것으로 예상된다. 돈은 돈대로 펑펑 낭비하면서 피감기관들은 행정력도 낭비하였다. 이것이 바뀌지 않는 국회의 현실이다. 어차피 안 한 국정감사에 연초부터 괜히 2차례로 국감을 나눠하겠다 폼만 잡더니 국민의 혈세만 순식간에 낭비하였다. 그러고서는 해야 할 10월 국감도 사실상 연기가 불가피해졌다.

선거 때에는 온갖 화려한 선심성 정책으로 국민들을 유혹하고서는 당선되면 싹 돌아서는 국회의원들을 우리는 매번 목도하고 있다. 2013년 6월 임시국회 때도 여야가 서로 민생 국회를 약속하면서 경제민주화 법안과 일감몰아주기 규제법안 등 각종 현안을 다룰 것 같이 약속하였다. 하지만 또 그 약속은 지나간 과거가 되어버린 것이다. 국민들이 이제는 그 사실에 무뎌진 것인지, 의례 있을 수 있는 일이라고 생각하게 될 만큼 고질적인 것뿐이다. 2013년 6월에만 해도 처리해야 할 중요한 민생관련 법안으로 아래의 것들을 꼽았다.

가맹사업법: 프랜차이즈 본사가 가맹점에 24시간 영업을 강제하지 못하게 함.

금융정보분석원법(FIU법): 지하경제 양성화를 위한 법

일감몰아주기 규제법안

대리점공정화법안: 일명 남양유업방지법

금산분리법안: 대주주 적격성 심사에 비은행권 확대

가습기살균제구제법

국회의원 특권 내려놓기 법안: 국회의원 겸직 금지 포함

노동현안 법안들: 근로시간 단축, 정리해고 요건강화, 통상임금 개편 등

영유아보육법안: 지방의 보육대란을 막기 위해 무상보육 예산지원을 늘림

송·변전설비 주변지역 보상지원법안: 밀양송전탑 건설 갈등과 관련된 내용

자본시장법 개정안: 코넥스 활성안

여기서 몇 개의 법안들이 1년이 더 지난 지금 시점에서 국회에서 통과되었을까? 툭하면 여야 간의 다툼에 시급한 민생은 자꾸만 뒷 순서가 되고 있다. 번호표 뽑고 기다리고 있는 손님들에게 자꾸 새로운 번호표를 뽑고 기다리라고 하면, 언제까지 손님들이 기다리고 있어줄지 의문이다. 버냉키 쇼크와 중국경제의 불안으로 국외적인 요소도 시급한 상황이다. 이럴수록 국회의 성숙한 태도와 꾸준하고 성실한 일처리가 필요하다. 민생정치는 위기일수록 빛이 나는 것이다. 그리고 그러한 일을 해낼 때 국민들의 국회에 대한 이미지가 바뀌고, 더 나아가 참된 대의민주주의가 이루어질 것이다.

2014년 9월 16일 박대통령은 국무회의에서 다음과 같이 움직이지 않는 국회에 대해 말했다고 한다.

"국회는 국정운영의 중요한 한 축으로 국회가 뒷받침해 주지

않으면 정부의 모든 노력이 물거품이 된다. (국회의원 세비는) 국민들의 세금으로 나가는 것임으로 국민에 대한 책임을 다할 의무가 있다. 만약에 국민에 대한 의무를 행하지 못할 경우에는 국민에게 그 의무를 반납하고 세비도 돌려드려야 한다."

이를 두고 새누리당 김재원 원내수석부대표는 "대통령의 (세비 반납) 말씀은 국민의 여론을 말한 것이지, 국회의원에게 어떤 요구를 했다든가, 우리가 그 요구를 받아 어떤 조치를 한다든가 하는 것은 아니다."라고 말했다. 김재원 의원의 말대로 대통령의 말씀이 어떤 행동을 해라는 뜻은 아닐 것이다. 중요한 점은 국회의원들의 세비를 반납해야 된다는 부분이 아니고 국민에 대한 의무조차도 반납해야 된다고 비판한 점을 눈여겨봐야 한다. 국회의원들은 국민에 대한 의무를 행하지 못할 경우에는 세비뿐만 아니라 더 크게는 그 의무를 반납할 각오까지 새기며 앞으로의 정국을 만들어가야 할 것이다.

입법로비

로비활동은 압력단체의 이익을 위해서 의회에서 입법의 촉진이나 저지를 하고 또한 거기에 소용되는 영향을 행사하는 원외 운동을 말한다. 미국은 이런 로비가 활성화되어 있으며 1946년 '연방 로비규제법(FRLA)'을 제정해 로비스트의 등록과 활동내용 보고를 의무화했다. 미국 내에서도 이 같은 로비활동에 대한 부정적 인식이 없는 것은 아니지만 헌법에 보장된 청원권으로 인정되어지고 있다. 하지만 이에 대한 부작용도 있기에 1995년 '로비명세법(LDA)'을 제정해 기존 법보다 로비스트의 개념을 크게 넓히고 이를 관리하기 위해 노력해왔다. 로비스트들은 수령한 금액과 이를 사용한 용도, 활동내용 등에 대해 의원 사무국에 보고하도록 되어 있으며 합법적인 로비스트 활동을 위해서는 등록이 필수적이다. 반면 우리나라는 입법로비에 대해서 명문화된 것이 없다. 헌법상으로 청원권은 있지만 구체적인 법률은 없다. 로비에 대한 부정적인 시각이 큰 탓이다. 그렇게 된 이유 중에 하나는 로비하는 과정에서 뇌물수수를 비롯한 각종 부정부패가 발생한 것이 대부분이기 때문이다.

입법로비의 대가로 금품을 받은 혐의로 구속영장이 청구된 새정치민주연합의 3명의 국회의원들을 보아도, 입법로비 과정이 얼마나 썩어있는지를 보여주고 있다. 신학용 의원은 2013년 4월 대표 발의로 유치원의 상속 및 매매를 자유롭게 풀어주는 내용의 유아교육법과 사립학교법 일부 개정 법률안을 내놓았다. 이는 사립유치원을 운영해온 이들이 재산권 행사를 위해 그동안 줄기차게 요구해온 사안이다. 그러나 교육부는 유아교육이라는 공공의 영역이 위협을 받게 된다는 논리로 이 법안에 대해 반대해 왔다(입법과정에서 행정부의 의견을 묻도록 되어있다). 보통 위원회의 위원장이 대표 발의한 법안의 경우 예우의 차원에서 법안을 처리해주는 관행이 있기에, 당시 교육문화체육관광위원회의 위원장이던 신학용 의원이 집중 로비 대상이 되었다. 신학용 의원은 위의 법안을 대표발의한지 3개월 후 출판기념회를 열었고 이때 한국유치원총연합회 측으로부터 3,800만원을 받은 것으로 알려졌다. 그리고 검찰은 이 돈이 바로 입법로비의 대가성이 있다고 의심하고 있다.

새정치연합 김재윤 의원의 경우 서울종합예술실용학교(SAC) 입법로비로 구속 수감되었는데, 여기에서도 뇌물수수가 이루어졌다고 검찰은 보고 있다. 서울종합예술학교 이사장이 김재윤 의원실을 찾아가 "교육부의 반대로 직업학교 교명 변경이 어려울 것 같다"는 사정을 설명하고, 김 의원에게 현금 2,000만원을 건넸다고 알려졌다. 당시 돈을 받은 김 의원이 그 자리에서 모철민 청와대 교육문화수석에게 전화를 걸어 "교육부 반대 의견을 재검토해 달라."고 청탁했다고 전해지는데, 이런 식으로 직접적인 로비와 청탁이 이루어지는 것이다.

2014년 정부에서 제출한 담배값 2,000원 인상안으로 매출에 직접적인 타격을 입게 된 KT&G도 이를 막기 위해 백방으로 움직였다고 한다. 흡연규제나 담배값 인상 등 예민한 사안이 나올 때면 KT&G 직원들이 국회의원 사무실을 찾는 횟수가 늘어난다. KT&G 직원들은 법안 발의를 준비 중인 국회의원과 보좌관을 찾아가 KT&G가 추진 중인 다양한 사회공헌사업에 대해 말하며 "매출이 줄게 되면 사회공헌 프로그램이 중단될 수밖에 없다."고 한다. 이런 직원들의 치밀한 대관 업무에도 아랑곳하지 않고 법안이 통과되려고 하면 이제는 전국의 담배농가들이 집단적으로 움직인다. 담배농가들이 지역의 국회의원에게 담배농가 대표라는 식의 단체의 이름으로 찾아가 특정 법안 상정을 막아달라는 민원을 넣는다. 그러면 지역구 의원들은 다음 선거에도 신경을 쓰기 때문에 그 법안을 상정하려는 동료 의원을 만나 법안 상정을 다시 생각해봐 달라고 요청한다. 만약 이 방법이 효과가 있으면 그 의원들 사이에서는 다음 법안 발의 때 서로를 돕는 형태로 발전하게 된다. 신세를 진만큼 서로가 필요할 때 같은 의견을 내주는 것이다. 이런 방법으로 의원끼리 서로 품앗이를 한다면 건전한 입법 활동은 기대하기 힘들다.

또 다른 사례로 몇몇 국회의원들이 대한치과의사협회 임원들로부터 불법 정치자금을 받은 의혹과 관련, 검찰이 내사에 착수하기도 하였다. 치과협회는 '쪼개기 후원'방식으로 로비 대상의원들에게 많게는 3,000만원까지 후원금을 낸 의혹을 받고 있다. 후원의 밤 행사 등이 폐지되고 소액의 정치자금 후원이 법제화된 뒤 '후원금 쪼개기'는 고전적 수법이 되었다. 최고 낼 수 있는 500만 원의 고액 후원은 중앙선거관리위원회의 눈에 쉽게 띄고 주목을 받는 만큼 고액이 아닌 소액을 선호하게 되는 것이다. 정치자금법에 따르면 법인이나 단체는 후원금을 낼 수 없고 후원금을 300만 원 이상 낸 기부자는 인적사항이 공개되기 때문이다. 후원금 쪼개기 방식은 예를 들어 협회나 단체 등에서 임직원, 소속 회원 등의 명의로 10만 원 소액 후원을 하는 것이다. 그리고 여기에 참여하는 사람들을 늘려서 10만 원이 수천만 원으로 커지는 것이다.

이렇게 입법로비에 개인이나 기업 등이 관련 협회나 단체들을 앞장세워서 실질적인 로비스트가 누구인지 잘 안 보이게끔 하는 방식이 선호되고 있다. 그리고 이는 개인의 이익이 아니라 단체의 입장이라는 점을 내세워 명분을 얻기 수월하다. 그러다 보니 군소 시민단체와 연계하려는 움직임이 커지고 있고 이를 위해 학연·지연·혈연을 찾는 고전적인 방식도 총동원된다. 지역구 국회의원에게는 이익단체의 지역구 지부들이 접근하여 다음 선거에 도와주겠다는 식으로 법안발의를 청탁하기도 한다. 포럼이나 연수프로그램 등을 만들어 이에 참여하는 국회의원들과 보좌진과의 연결끈을 놓기도 한다.

또한 이러한 입법로비는 물밑에서 당사자는 눈치채지 못하게 이루어진다. 한 전직 의원은 언론 인터뷰를 통해 국회의원 시절 집요하게 받았던 입법로비들에 대해 말하기도 하였다. 그동안 대가를 요구한 적이 없던 소액의 개인후원자가 10여년이 지난 어느 날 갑자기 자신의 승진을 부탁해왔다는 것이다. 이 후원자는 "○○의원님 능력 한 번 봅시다."라며 협박성 청탁을 해왔고, 결국 이 전직 의원은 온갖 경로를 통해 이 후원자가 승진하도록 압력을 행사해, 겨우겨우 해당 단체장으로부터 3개월 뒤 승진을 약속받은 경험이 있다고 한다. 당장 거액이 오가는 것이 아니라 오랜 기간 인연을 가장해 이런 청탁이 들어오는 경우가 비일비재하다는 것이다. 이런 오랜 인연을 져버리지 못한 의원들의 행태가 발각되면 쇠고랑을 차게된다.

국회의원들이 특정 법률안이나 특정 단체나 기업 관련 법안에 유독 목을 맨다면 이런 식의 인연이 바탕이 된 경우가 많다고 한다. 평소에 국회의원들에게 각종 편의를 제공하는 고마운 사람들의 실상은 훗날 '결정적인 한 번'을 위해 조용하게 접근했을 가능성이 크다. 선의의 후원자인 것 같지만 한 꺼풀만 벗기면 의원의 목을 조르는 청탁자가 되는 것이다. 국회의원 스스로가 '세상에 공짜는 없다.'는 것을 명심해야 한다. 요즘에는 입법권뿐만 아니라 행정부인 정부부처 고위 관계자들에게도 이들의 손길이 닿는 경우도 많다. 국회에서 법안을 상정시켜 통과시키려 해도 정부에서 극명하게 반대하게 되면 무산되는 경우가 있기 때문이다. 입법부에서 의도한 바가 통하지 않으면 행정부를 동원해서까지 불리한 것을 막으려는 것이 무섭도록 집요하게 이루어지고 있다.

분명한 것은 세간에 이런 입법로비 양태가 많이 알려졌음에도 과거부터 현재까지도 끊임없이 발생하고 있고, 앞으로도 더 얼마나 이런 사태가 발생될지 모른다는 것이다. 또한 이런 일이 수사를 통해 밝혀지는 경우 해당 관련자들은 처벌받겠지만, 세밀한 작업으로 발각되지 않았을 때는 누군가의 입김이 전 국민에게 적용되는 법조항에 그대로 들어가게 되는 것이다. 입법로비를 통해 통과된 법률의 경우 해당 법에 대한 추후 보완조치는 이루어지지 않고 있으며 이로 인해 한번 잘못으로 통과된 법률안이 향후 지속적으로 누군가의 이익을 대변하게 된다. 입법로비를 막기 위해서는 법안심사 과정에서 면밀한 절차가 필요하며 이러한 로비에 대한 뇌물수수와 같은 범죄에는 엄중한 처벌이 필요하다.

국민의 청원권을 제대로 보장하고 국회의원들도 불필요한 오해를 받지 않으려면 입법로비에 대한 제도적인 보완이 필요하다. 또한 로비활동이 정책결정과정에 영향력을 행사하는 한 형태라고 본다면 이를 허용하는 것도 일리가 있다. 로비스트들이 전문적인 지식을 가지고 복잡한 입법상의 문제에 대해 정보를 제공하여 길잡이 역할을 하고, 의원과 정부 이익단체간의 연결고리가 되는 것에도 장점이 있다. 하지만 우리 정치 현실 수준에서 로비제도가 합법화되어 오남용 없이 잘 정착될 것이라는 장밋빛 미래는 기대하기 힘들다. 국회의원에 대한 낮은 신뢰와 존경받지 못하는 사회구조에서 이를 먼저 선결하지 않는 이상 로비제도의 선순환 구조는 다른 나라의 이야기만 될 것이다.

국회의원의 겸직

국회의원의 겸직문제도 해마다 제기되는 단골 문제점이다. 2012년 총선과 대선을 치르면서 여야는 국회의원 겸직 금지를 공약했다. 그리고는 2013년 7월 '공익 목적 명예직을 제외한 겸임금지 원칙'을 규정한 국회법 개정안을 통과시켰다. 개정안의 내용을 보면 원칙적으로 국회의원들은 대부분의 자리를 겸직하지 못하도록 막은 것처럼 보였다. 국회의원은 국무총리 또는 국무위원, 공익적 활동이 목적인 명예직, 법률상으로 국회의원에게 임명 또는 위촉되는 직, 정당 직을 제외한 모든 종류의 겸직과 영리 목적의 업무를 겸직할 수 없다고 되어 있다. 또한 공무원, 농업

협동조합, 수산업협동조합 및 중앙회 임직원, 교수들도 차후 국회의원으로 당선되면 임기개시일 전까지 해당 직을 사직해야 한다. 본인 소유의 토지, 건물 등 재산을 활용한 임대업 등의 영리 업무로 의원의 직무수행에 지장이 없는 경우는 겸직이 허용될 수 있으나 이는 윤리심사자문위원회의 심의에 따라 허용 여부가 결정된다.

여기서 국회윤리심사자문위원회가 등장하게 되는데 2014년 3월부터 여야 추천 외부 전문가로 구성되었다. 그리고 위원회에서 '어디까지 겸직을 못하게 할 것인가.'하는 세부 규정을 정하기 시작했는데, 이 논의 진행 도중에 '국회의원 겸직에 관한 규칙'이 통과되게 된다.(2014년 4월 29일) 이 규칙은 윤리심사자문위원회와는 별도로 국회의원의 겸직 범위를 대폭 확대하는 것이 골자였고, 결국은 우습게도 국회의원들이 겸직의 범위를 한 발 먼저 정해버린 것이다. 이 규칙에 따르면 영리와 관련된 직을 겸임한 소수의 의원을 제외하고는 대부분 의원의 겸직이 허용되는 것인데, 일례로 체육단체장은 대부분 겸직가능 기준을 충족하게 된다. 종전보다 상당히 후퇴된 규칙에 여론의 비판의 직격탄을 맞자 국회 법사위에서 계류하게 되었다(2014년 5월 2일). 그동안 겸직을 통해 누려온 달콤함을 버리지 못해 국민의 눈을 속이고 겉으로는 겸직금지를 하는 척 하더니 미리 선수를 치다 걸린 것이다.

우여곡절 끝에 2014년 6월 국회윤리심사자문위원회는 '국회의원 겸직 금지 관련 최종보고서'를 국회의장에게 보고했다. 그리고 그와 동시에 3월부터 국회의원의 겸직 심사를 진행하여 5월 13일 1차로 50명의 의원이 겸직하고 있는 82개의 자리에 대해 겸직 불가 판정을 내렸다. 하지만 이에 대해 해당 의원들이 거세게 반발하자 재심사가 진행되어 30여 명 의원이 겸직하고 있는 60여 개의 자리를 겸직 불가로 판정하였다. 의원들의 반발로 종전보다 겸직 불가 판정이 절반으로 줄어든 것이다. 의원들 사이에서는 누구는 되고 누구는 안 되는 잣대에 울분을 터뜨렸다는데, 돈이 안 되는 명예직으로 생각한 직함도 버려야 한다는 판단에 대해 반발한 것이다.

한 19대 의원은 "19대 국회에서 연금도 폐지됐고, 상임위와 특위 활동도 견제와 간섭이 심하다. 돈이 되는 직함은 이미 다 버렸는데, 무보수 명예직까지 차단시킨다면 누가 나라를 위해 봉사하겠다며 나서겠나. 지역구가 없는 비례대표 의원들은 앞으로 생계를 걱정하지 않을 수 없게 됐다."고 말했다는데 얼마나 많은 국민들이 이 말에 공감할지 의문이다. 국회의원이 체육단체장을 비롯해 장학사업체, 동우회·향우회, 학교 이사회, 노인·여성·청소년·장애인 단체 등에 있다고 갑자기 없던 명예가 생겨나는 것일까? 직함 자체로 명예가 생긴다면 이미 국회의원은 그 자체로도 명예가 생겨야 하는 것이 아닐까? 국회의원이 명예로운 직함이 아니라면 어떤 것이 명예롭다고 말할 수 있을까? 그리고 만약 국회의원이 명예롭지 못하다고 인식된다면 어디에 기인한 것인지 단순히 생각해봐도 무보수 명예직에 대한 국회의원들의 집착이 이해되지 않는다. 오히려 그들이 말하는 무보수 명예직에 있는 것이 밖에서는 오해받기 좋은 자리가 아닌가?

결국 국회의원의 겸직에 대한 판단은 법사위가 규칙안을 다시 수정하던가 아니면 규칙안에 대한 논의를 안 하겠다는 판단이 우선적으로 필요한 상황이다. 규칙안이 통과될 경우 심사규정이 달라지게 되어 윤리심사자문위가 하는 판단을 번복하게 되는 상황이 나오게 될 것이다. 겸직금지 통보를 받은 의원은 3개월 이내에 휴직 또는 사직 등의 방식으로 통보 결과를 이행해야 한다. 당초 8월 달에 국회 규칙안 논의 경과를 보고 결론을 내리려고 했지만 국회가 파행되면서 9월 정기국회에 가서야 법안 논의가 이뤄질 것으로 전망된다. 과연 9월에 나올 결론은 후퇴된 규칙안이 통과할까 아니면 국회윤리심사자문위의 보고서대로 의원들에게 금직을 통보할까?

이미 국회의원들이 만들어 놓은 겸직금지 원칙 자체에도 문제점이 발견되고 있다. 국회의원은 국무총리 또는 국무위원, 공익적 활동이 목적인 명예직, 법률상으로 국회의원에게 임명 또는 위촉되는 직, 정당 직을 제외한 모든 종류의 겸직과 영리 목적의 업무를 겸직할 수 없다고 되어있다. 이는 국회의원이 장관으로 갈 수 있는 길을 열어 둔 셈인데 19대 국회에서는 최경환·황우여·김희

정 의원이 각각 기획재정부, 교육부, 여성가족노동부 장관을 겸하고 있다. 이들은 행정부 소속의 장관이면서도 입법부에 속하고 있어 삼권분립이 서로 견제해야 한다는 정신에도 위반되고 있다. 국회의원이 장관이 되면 행정부를 견제하거나 감시하는 게 아니라 행정부를 위해 국회의원을 설득해야 하는 입장이 되어 버린다. 또한 이들에게 나가는 세비가 엄청난데 연간 2억 5,008만원으로 입법과 국정감사, 예산심의를 하지 않아도 공무원 보수규정에 따라 꼬박꼬박 세비를 받을 수 있다. 그러다 보니 여의도에서는 이들 의원실을 가리켜 '대박'을 맞았다고 표현한다. 국민이 입법 활동을 하라고 뽑은 사람들을 행정부 수장으로 앉히게 되면서 이들이 입법 활동을 전혀 하지 못하게 된다면 국민의 의사와 반대되는 것이 아닐까?

국회의원들이 자기 보신적인 행동만 집중하게 되면 민생을 위한 바른 목소리를 낼 수 없게 된다. 앞서 언급한 것처럼 국회의원이 체육관련 주요 협회를 차지한 것은 자주 발생하는 일이다. 한 언론이 이에 대해 조사했더니 대외적으로 당당하게 이름을 내밀 수 있는 자리에 국회의원들이 차지하려고 노력한 면모를 볼 수 있었다. 꽤 많은 단체에 국회의원이 협회장, 총재를 맡고 있었고, 그 밑에 이사들을 조사하면 더 많은 수가 관여되어 있을 것이다. 문제는 스포츠계 입장에서는 자신들의 현안을 해결해 줄 국회의원을 모시고 오면 좋을 것이라 생각하고, 국회의원 입장에서는 이미지를 만들고 언론에 더 노출될 수 있는 자리라고 생각하는 지극히 서로 이해관계적인 행태이다. 이런 이해관계 내에서는 국회의원은 어떤 현안이 있을 때는 자신의 표밭을 신경 쓸 수밖에 없다. 협회 운영에 있어 전문적인 사람이 아니더라도 괜찮다는 생각은 결국 그 단체의 생명을 단축시킬 뿐이다. 그리고 최종적으로는 국회의원들도 스스로의 생명을 깎아내리는 것이다.

있으나마나 인사청문회

본디 인사청문회는 공직후보자를 출석시켜 질의를 행하고 그 답변을 듣는 방식으로 인사를 검증하는 역할을 하는 것이다. 국회에서는 인사청문특별위원회를 만들어 필요한 경우 증인 혹은 참고인의 진술도 청취할 수 있는 일종의 증거조사도 할 수 있다. 그리고 국가의 중요 고위공직자를 검증하는 자리이기에 국민에게 공개하게끔 되어있다. 많은 사람들이 TV로 생중계되는 인사청문회를 본 기억이 있을 것이다. 그런데 어느 순간부터 인사청문회가 픽션으로 이루어진 드라마보다 더 자극적이고 박진감이 넘쳐 도저히 업무능력을 검증하는 것인지 그냥 깎아내리기 위한 것인지 알 수가 없다. 인사청문회가 끝나고 나면 후보자의 개인사와 신상정보만이 또렷하게 기억에 남는 것이다.

정도(正道)대로라면 행정부의 고위 공직자의 자질 중에 도덕성은 매우 중요한 요건 중의 하나이다. 또한 그동안 살아온 과정에서 여러 가지 자질구레한 법을 위반하였다는 것도 후보자의 자질을 확인할 수 있는 하나의 척도이다. 문제는 도덕성에 대한 검증이 '감 놔라 대추 놔라.' 식으로 후보자마다 다르게 적용된다는 것이다. 후보자의 능력 검증만큼 도덕성 검증도 같은 무게감을 두고 청문회가 진행된다면 정말로 바람직하지만 실상은 여야당의 입맛에 맞춰 이리저리 흔들리는 것이 청문회이다. 인사청문회의 또 다른 정쟁의 도구로서 여야가 한쪽은 밀고 한쪽은 당기는 행태를 보이고 있다.

박근혜 정부가 출범하고 있었던 인사청문회를 돌이켜보면 여당 의원들은 주로 정책·비전·국정수행능력 등을 묻는 질문을 하고, 야당의원들은 도덕성 검증에 더 비중을 둔다. 이는 여당의원들 입장에서는 대통령이 선택한 사람에 대해 힘을 실어주기 위해 도덕성 질문을 피한다는 비판을, 야당의원은 반대를 하기 위한 흠집내기라는 비판을 받을 수 있다. 한 인사청문회에서는 "제가 프라이버시 때문에 공개는 하지 않지만 고등학교 생활기록부 담임 선생님의 평을 봤습니다. 후보자도 보셨지요? 부적격 후보라고 생각합니다."라는 식으로 인격에 흠집을 내고 비아냥거린다.

2000년 16대 국회에서 인사청문회를 도입한 이후 인사청문회를 통과한 사람은 100여명이 넘는다. 그 중에 국회의원 출신자들이 약 25%이상을 차지한다. 신기한 것은 국회의원 출신인 자들은 인사청문회를 100% 통과하고 있는 것이다. 낙마하는 후보자는 국회의원 출신이 아닌 사람들이다. 국회의원들만 특별하게 도덕성을 갖추고 있는 것일까? 결코 그렇지 않을 것이다. 국회의원들이 서로를 의식하고 봐주고 있기 때문에 100%라는 놀라운 합격률을 보이는 것이다. 누군가에게는 위장전입, 아들의 이중국적, 세금탈루, 논문표절, 부동산 투기 등의 문제가 봐줄만한 것이고 누군가에게는 치명적인 낙마의 사유가 된다. 똑같이 도덕적인 흠집에 다른 판단을 내리는 것은 누가 보아도 모순이다. 시대적인 바람에 따라 청렴하고 도덕적인 사람이 고위공직자이길 바라는 염원이 커지고 있다. 당연히 국회의원이든 아니든 똑같은 결과가 나와야 한다.

2014년 여름 문창극 후보자를 두고 역사관 논란이 일어나기도 했다. 이것은 이전 청문회에서는 볼 수 없던 새로운 판단 근거였다. 논란을 거듭한 끝에 결국 문창극 후보자는 낙마했다. 보수를 지지하는 사람들은 어떻게 이럴 수 있느냐며 분통을 터트렸고, 몇몇 시민단체에서는 항의도 이어졌다. 중요한 것은 이 문제가 문창극 후보자 개인의 문제가 아니라는 것이다. 이로 비춰보았을 때 앞으로의 청문회에서는 이제 치열한 이념적인 문제까지 후보자에 대한 공격 포인트가 될 것이다. 야당의 구미에 안 맞는 사람은 개인적인 비위사실을 떠나서 이념, 가치관, 역사관으로 청문회를 통과할 사람이 없을 것이다. 원칙도 근거도 없이 인사청문회가 그때그때마다 다르게 진행되고 있다. 차라리 가치관도 새로운 판단으로 할 것이라면 제도적으로 정리를 해서 토론이 벌어지고 거기에 따라서 표결에 따라 정리를 해 나가야 할 것이다. 마치 관습법, 판례법을 만드는 것처럼 말이다. 지금처럼 아무런 기준도 없는 인사청문회는 검증의 자리가 아니고 후보자들의 무덤만 될 것이다.

오죽하면 인사청문회가 두려워 고위공직자 자리를 마다한다는 이야기가 나올까? 자신뿐만 아니라 부모, 배우자, 자녀까지 재산을 비롯하여 지극히 사적인 것 모두가 공개되고 있다. 그러면서 여당은 감싸기로 야당은 끌어내리기를 몰두하며 국민을 위해 능력을 갖춘 후보자인지 파악하는 것이 아니라 힘겨루기를 하고 있다. 박근혜 정부 때 신설된 미래창조과학부에 김종훈 씨가 내정되었을 때도 부동산 투기설, 국적, CIA연루설 등 온갖 음해가 판을 치더니 결국 후보자 본인이 "조국을 위해 헌신하려던 꿈이 산산조각 났다."며 사퇴하였다. 그 후 온갖 소문 중에 확인된 것이 무엇이 있는가? 문제가 있는 후보자라면 낙마시키는 것은 당연하다. 그러나 문제를 마구잡이로 제기하고 나서는 '아니면 말고.' 식의 책임 없는 태도는 비겁하다.

채동욱 전 검찰총장의 사례에서도 유의미한 교훈을 얻을 수 있다. 당시 인사청문회에서 '파도 파도 미담만 나온다.'고 했었다. 그런데 그 끝은 어떻게 되었는가? 그도 결국 비도덕적인 일로 세상에 질타를 받지 않았는가? 취임 전 청문회에서 칭찬만 나왔다는 것도 중립성을 상실한 것이다. 채동욱 전 총장의 혼외자는 도덕성의 문제지만 청문회 때도 나왔던 삼성과의 연관성이 수사 결과 확인된다면 이는 부정부패 그 자체이다. 능력이나 도덕성에 흠결이 없다고 찬성, 인정했던 청문회는 하나마나 식이었다는 것을 증명하는 것이다.

공직은 철저히 국가와 국민에 봉사하고 헌신하는 정신자세와 마음가짐을 갖춘 사람만이 진출해야 한다. 개나 소나 고위공무원·법조인·교수 등의 경력, 학력 및 유학, 자격증 등 스펙을 가지고 해먹는 개인 입신양명의 자리는 아니다. 특히 소신 없고 윗사람에 아부 잘하며 윤리 도덕성이 결여된 자들은 절대 가서는 안 되는 자리이다. 고위 공직 진출자격에 대한 기준을 재산, 납세, 투기, 병역, 표절 등에만 맞출 것이 아니라 '인간성이 된 사람, 기본이 바로 선 사람'인가를 판단할 수 있게 바꿔야 한다. 검증의 자리가 아닌 흠집내기가 된 우리의 인사청문회의 모습도 문제지만 '기본적인 도덕성'의 잣대에도 통과할 수 없는 인사들이 많다는 것, 이 자체가 우리가 앞으로 더 개혁해나가야 할 숙제이다.

선거법 등 위반으로 국회의원직 상실

국회의원들이 다른 법보다 더 무서워하는 법이 있다면 바로 선거법일 것이다. 선거법 위반으로 국회의원 당선자가 징역 또는 100만원 이상의 벌금형을 받게 되면 자동적으로 당선무효가 된다. 국회의원이 되기 위해 쏟았던 모든 것들이 벌금 100만원에 무너지는 것이다. 이에 2011년도에 한나라당 의원들이 당선무효 조건을 완화시키기 위해 벌금 300만원 형으로 늘리자는 법안을 제출한 적도 있다. 선거법을 제대로 지킬 생각을 하는 것이 아니라 오히려 완화시키려는 발상에 국민들은 경악을 금하지 못했다. 물론 선거법이 아닌 다른 법을 어겨도 국회의원직이 상실될 수 있다. 현직의원이 형사재판에서 금고 이상의 형을 확정받게 되면 의원직을 잃는다. 하지만 확실히 벌금 100만원 형과 금고 이상의 형의 중량감이 달라서 그만큼 의원들은 선거법 위반에 더 주의를 기울이고 있다. 특히 선거 과정에서 당선자의 직계 존·비속이나 배우자, 또는 선거사무장이나 회계책임자가 정치자금법 위반으로 300만원 이상의 벌금형을 선고받아도 당선 무효가 된다. 실제로 국회의원에 당선되었던 배기운 의원은 2012년 4.11총선을 앞두고 회계책임자에게 선거운동의 대가로 법정선거비용 외에 3,500만원을 주고, 신고하지 않은 계좌로 선거비용을 쓰다가 의원직을 상실했다.

이처럼 선거법은 국회의원이 의원직을 상실하는 주요 사유로 작용하고 있다. 재보궐선거인 2014년 7.30에 나온 15자리의 국회의원직에서 퇴직한 경우를 제외한 당선무효자(4명)는 모두 선거법 위반이었다. 퇴직한 경우는 대개 국회의원이 겸직할 수 없는 직에 도전하는 경우이다. 시장, 도지사 등의 공무원이 여기에 해당된다. 이는 어떻게 보면 국민들이 선거로 선출된 사람들이 자신의 맡은 바의 임기를 지키지 않고 다른 자리의 꿈을 위해 퇴직하는 것으로서 자신을 선택해준 유권자들에 대한 신임을 저버리는 것이기도 하다.

이밖에 국회의원직이 상실되는 경우로는 국회에서 의원 자격을 심사해 제명하는 것이 있다. 국회 본회의에서 재적의원의 3분의 2이상의 찬성이 있을 경우 가능한데 역사적으로는 1979년 당시 김영삼 신민당 총재의 사례가 가장 알려져 있다. 김영삼 의원은 신민당 총재로서 가진 79년 9월 뉴욕타임스와의 인터뷰에서 미국 행정부에 '박정희 정권에 대한 지지 철회'를 요구했다. 이에 집권당이던 민주공화당과 유정회가 '국회의원으로서의 본분을 일탈하여 반국가적인 언동을 함으로써 국회의 위신과 국회의원의 품위를 손상시켰다.'는 내용의 제명안을 국회에 제출했다. 당연히 신민당은 강력히 반발하며 제명안의 상정을 제지했으나 여권은 10월 4일 경호권을 발동한 가운데 본회의를 열어 참석 여당의원 159명 만장일치로 제명안을 가결했다. 격분한 신민당은 의원직 총사퇴로 맞섰지만 동료 의원들의 제명안 발의에 의해 제명된 유일한 사례로 남아있다.

그 외에 잘 알려지지 않았지만 3대 국회 때의 도진희 의원은 자격심사제도로 의원직에서 제명된 적이 있다. 도진희 의원은 경북 성주에서 자유당 소속(민의원)으로 당선되었고 1956년 발생한 '김창룡 중장 저격사건'에 연루됐다. 육군특무부대장 김창룡 중장이 출근 도중 괴한 2명으로부터 총 5발을 맞고 즉사했는데, 도진희 의원은 여기에서 사건 배후 인물에게서 지프차를 샀다가 수사를 받게 된 것이다. 그리고 추후 배후인물로 수사를 받게 되면서 국회는 민의원징계자격위원회를 열어 의원 자격을 심사했다. 결국 57년 9월 5일 본회의에 '도진희 의원 자격심사 보고서'를 상정해 재석 139표 중 118표로 가결했다. 그 후 국회의원 제명안이 언급된 사례로는 이석기·김재연 의원의 통진당 비례대표 부정경선 사태가 있다. 정당법상 정당이 소속 국회의원을 제명하기 위해서는 소속 의원 전원 중 과반수 찬성이 있어야 했는데 투표 결과 1표 차이로 과반수를 넘기지 않아 이석기·김재연 의원은 의원직을 유지할 수 있었다.

지역구를 가진 의원들과는 달리 정당에서 비례대표로 선출된 의원(전국구 의원)들은 당적을 변경하거나 이탈하는 경우 의원직을 상실하게 된다.[18] 비례대표가 당에 대한 국민의 신임이기에 당을 탈당하면 의원직에 대한 명분이 사라지기 때문이다. 그러다 보니 당적을 변경할 때 의원직이 상실될까봐 꼼수를 부리는 경우도 있다. 2012년에는 통합진보당에서 이른바 '혁신모임'이 신당 창당을 천명하고서 이에 뜻을 같이하는 의원들의 거취 문제로 진통을 앓았다. 당장 당적을 버리면 의원직을 유지할 수 없기 때문에 당 차원에서 제명을 해 무소속의원을 만들고 신당에 참여하게 하자는 움직임이 나온 것이다. 결론적으로 법을 피하기 위해 '제명 자작극'을 하자는 것인데 4명의 비례대표 의원이 셀프 제명을 선택했다. 이들은 "의원직에 집착하는 게 아니라 분명한 소신에 근거해 스스로 제명을 수용하는 것이고, 이에 대한 국민 비판은 겸허히 수용하겠다."고 말했다. 스스로가 진보의 선두라고 표방하는 사람들의 이런 행동을 '진보를 지지하는 국민들'에게조차 설득할 수 있을지 의문이다.

이런 식의 셀프제명과 빈번한 당적 이동은 국민들의 정치 불신과도 이어지는데, 14대 국회때에는 정원 299명 가운데 115명이 당적을 옮기기도 하였다. 시대가 혼란하여 정당이 우후죽순으로 생겼다가 사라지는 가운데 어쩔 수 없는 선택도 있긴 하겠지만 '정치철새'라는 불명예스런 단어는 국민들을 머릿속에 선명하게 남게 되었다. 많게는 5번 적게는 2번씩 당적변경을 하면서 유권자들에게 혼란을 안겨준 것이다. 툭하면 이념 간 지역 간 대립으로 사사건건 싸우던 사람들이 이해관계에 따라 이쪽저쪽으로 붙는 것을 국민들이 신임할 리가 없다. 국회의원이 기본적인 것부터 지키지 않는 것에 대한 불만은 커지고 있는데 잠시 동안의 비판을 감수하고 무대포로 밀어붙이는 것이 언제까지 통할 것이라고 보는가?

18대 국회 때 금배지를 박탈당한 사람이 21명이나 되었다. 대부분 공직선거법이나 정치자금법 위반 등으로 형이 확정되어 자리를 잃었는데 17대 때도 18명의 의원이 같은 이유로 금배지를 잃었다. 국민이 뽑아줬더니 현행법 위반으로 역대 최다로 의원직을 박탈당하고 재보궐선거를 치루게 했다. 2014년 7.30재보궐 선거는 규모면에서 역대 최대라 '미니총선'이라고 불리기도 했다. 이런 빈자리를 메우기 위한 선거 비용은 만만치 않다. 7.30재보궐

선거에는 어림잡아서 약 100억원 이상을 초과하는 비용이 들었다고 한다. 이 비용은 모두 국가예산으로서 우리 모두의 세금이 사용된 것이다. 경북 청도군은 선거비리 등으로 2005년 재선거, 2006년 전국 동시선거, 2007년 재선거, 2008년 보궐선거를 하는 등 4년 연속 군수선거를 실시하기도 했다. 이런 잘못된 선택의 연속은 결국 선택한 지역의 주민들의 부담으로 되돌아온다.

7.30재보궐 선거 자리는 15자리였고 이중 10자리는 지방선거에 출마하기 위해 의원 스스로가 의원직을 포기하면서 생겼다. 개인적인 소신 혹은 야망에 국민이 세금을 들어서 하는 것이 마냥 반가울 수는 없다. 이 같은 폐해를 막고자 새누리당 이완영 의원이 2012년 7월 공직선거법 개정안을 발의하였다. 그 내용은 국회의원선거와 지방의원 및 지자체장 선거에 있어 궐원으로 보궐선거가 실시되는 경우 그 사유를 제공한 당사자가 해당 선거경비를 부담하도록 하는 것이다. 의원 스스로가 포기해서 생긴 자리라면 포기한 의원이 다음 선거 경비를 부담해야된다는 것이다. 또한 선거법, 정치자금법 위반 등의 불미스러운 일로 의원직을 잃은 사람은 그 자리에 들어올 다음 사람의 선거비용을 내야한다. 일종의 징벌적인 장치를 만들어 유권자가 뽑아준 의미를 되살리고, 임기기간 동안 충실히 맡은 소임을 이행하자는 뜻일 것이다. 하지만 이 발의안은 아직까지 국회 상임위원회를 벗어나지 못하고 있다. 여지껏 우리에게 보여준 국회의원들의 태도에서 충

분히 예상할 수 있는 결과이다.

이런 선거비용의 낭비는 비단 국회의원만 해당되는 것은 아니다. 광역단체장, 기초단체장, 광역의원, 기초의원 등 선출직 공무원들 모두에게 해당한다. 국민들은 이런 선거가 실시될 때마다 후보자를 잘 보고 약속을 이행할 사람을 뽑는다고 하지만 매번 엄청난 수의 공석이 나타나고 있다. 유권자가 1인 8표제를 행사한 2010년 6.2 지방선거도 전과 같은 과오는 계속 나타났다. 2010년 당선자 중 여러 가지 사유로 그 직을 상실한 사람은 262건이었다. 그 중 선거법 위반 54건, 뇌물수수·횡령 등으로 피선거권을 상실한 사례 56건, 다른 선거를 나가겠다고 사직한 것은 121건, 사망은 31건로 나타났다. 굉장히 많은 수가 중도하차했고 이를 대신하기 위한 천문학적인 선거비용 809억원을 세금으로 썼다. 민주주의에서 선거가 그 정체성을 보여주는 축제의 장이 되어야 하는데 도리어 사기도박이 성행하는 꼴이다.

비용도 비용이지만 국회의원과 기초단체장 등이 비면서 그들이 해야 할 업무는 마비가 된다. 다음 선거가 있을 때까지 빈 지역일꾼의 자리를 무엇으로 대신할 수 있을까? 국민들의 신중한 한 표가 절실한 이유다.

선거 일시		재보궐 사유			
		당선무효	피선거권 상실	사직	사망
2005년	4월	6명			
	10월	4명			
2006년	7월	1명	1명	2명	
	10월		2명		
2007년	4월		2명		1명
	12월	–	–	–	–
2009년	4월	5명			
	10월	4명	1명		
2010년	7월	1명		6명	1명
	10월	–	–	–	–
2011년	4월		2명	1명	
	10월	–	–	–	–
2013년	4월	2명	1명		
	10월	1명			1명
2014년	7월	4명	1명	10명	

2005~2014년 역대 국회의원 재보궐선거 사유

14

국회, 어떻게 개혁할 것인가?

국회의원들의 각종 부정부패에 국민적 분노의 시각은 커지고 있다. 국회제도에 대한 불신에서 비롯된 분노가 국회해산, 국회의원 소환 등과 같은 초법적 논의가 나오고 있는 실정이다. 이러한 논의는 분노를 표현해 줄 수는 있지만 현실을 개선시키는 데에는 아무런 도움이 되지 않는다.

국회의원들이 일을 제대로 하지 않으면서도 국회의원직 유지에 목을 거는 이유, 우리사회 상류층인사들이 국회의원이 되고 싶어 안달하는 이유 또한 국회의원 자리가 가진 특권 때문이다. 사회적 지위는 특권에서 나온다. 공항 귀빈실 이용, 지난날 KTX 무료 이용, 국회의원들만의 전용 출입문 이용…… 그리고 무엇보다도 재계와 정계, 언론 등 우리 사회 각계 층의 쎈 사람들의 파격적 대우와 로비 등에 익숙해지면, 나중에 배지를 떼고 나면 허무하고 무력함에 살 수가 없을 정도라고 한다.

2014년 19대 국회는 체포동의안 폐지, 겸직금지, 출판기념회 제도 개선 등 의원 특권 내려놓기의 일환으로 10여개의 법안을 국회에 상정·계류시키고 있다 한다. 이 법안들 역시 국회해산을 외치는 국민적 분노에 대한 눈가림에 불과하고 결코 쉽게 폐지되거나 시정되지 않을 것이다. 어쨌거나 입법 활동과 무관한 국회의원들에 대한 파격적 특권을 폐지하지 않고는 국회개혁도 소원할 것이다. 이것은 첫 번째로 개혁해야 할 부분이기도 하다.

두 번째로 국회의원 평가제도의 도입이 필요하다고 본다. 본회의 상임위 출석, 법안 제출이 아닌 실행실적, 국회 안팎의 고성, 폭언, 폭행 등 사회적 물의 여부 등에 대한 종합점수를 매긴 평점제도를 국회법상 제도적으로 만들고 이를 매년 공개하는 것이 필요하다. 이에 따라 일반 국민들이 국회의원 자질을 평가하는 척도로 쓰이게 해야 한다.

세 번째로는 출판기념회와 후원회제도의 투명화와 공영계좌 관리가 필요하다. 선거 때에도 큰 돈이 들지 않고 실제로 유권자나 경조사에도 금품제공을 못하게 되어 있는 현 법제도상 국회의원들이 과연 출판기념회나 후원회를 계속할 정도로 돈이 필요한 이유가 뭔지 국민들에게 납득을 시켜야 할 것이다. 실제로 국회의원 입문시 재산신고액이 수억 원이었던 사람이 국회의원 몇 번을 더 하고 나니 몇 배로 재산이 증가한 사람도 있었다. 이런 사람들은 도대체 어떤 과정을 통해 재산을 늘릴 수 있었는지 궁금하다. 요즘 같은 장기 불황에도 2013년에는 국회의원 80%이상이 재산이 증식되었다고 한다. 돈을 벌고 재산을 증식시키기 위해서 국회의원을 하는 것은 아니지 않는가? 후원회나 출판기념회를 통한 수입을 전액 선관위가 수입 지출을 관리하고 지출 항목도 통제하고 남는 돈은 국고에 전액 귀속시키는 방향으로 개선되어야 한다. 특히 출판기념회는 선관위가 인세를 발부해 책가격만큼만 1인 1책을 구매하게 하고 과도한 비공식적인 책값을 책정하지 못하게 하여 이를 어길 경우 전액 불법 정치자금으로 취급해야 한다.

넷째, 국회의원의 숫자는 현재의 300명에서 1,000명으로 3.5배 정도 늘리고 국회의원의 세비나 수당은 그와 비례하여 1인당 종진수준의 3.33배 줄이면 된다. 그러면 국회의원 1인당 평균 월 소득이 380안팎으로 가구당 중위소득 수준과 비슷해질 것이다. 이 경우 1,000명이나 국회의원이 급증하게 되어 국회의원의 희소가치는 줄고, 이전에 비해 고작 400만원도 안 되는 돈을 벌고자 지금처럼 기를 쓰고 국회의원이 되고자 하는 목적이 불순한 사람은 줄어들 것이다. 잿밥에 관심이 있는 사람들은 아예 국회 근처에 얼씬도 안 할 것이다. 공공의 이익 극대화를 위해 투철한 소명의식과 사명감을 가진 사람만이 의원직에 나서고 그리고 그런 사람들이 국회를 꾸려나가야 한다.

안철수 의원은 지난 대선 당시 의원직을 100명으로 축소하자는 정치개혁안을 주장했었다. 최근에도 국회해산을 주장하며 놀고먹는 국회의원을 비판하는 사람들은 국회의원 정수 축소를 이야기하고 있다. 엄밀히 말하면 이는 잘못된 주장이다. 『독재자의 핸드북』이라는 책을 보면 집행위원 숫자가 최대 24명인 FIFA가 최대 115명 IOC위원들에게 주는 뇌물액수보다 더 비싸다는 말도 있다. 즉 각 위원들 중 IOC는 58명, FIFA는 13명만 확보하면 표결에서 이기는 것이다. 월드컵 개최지 선정에서 올림픽 개최지 선정보다 오고가는 뇌물액수가 많다는 것을 이 책에서는 명확히 제시했다. 소수에 의해 주요 결정이 정해질수록 더욱더 슈퍼자본주의 하에서 매수가 쉬워지고 부패단가는 올라가게 되는 것이다.

국회의원이 100명이면 51명, 200명이면 101명, 300명이면 151명을 매수하면 되지만 1,000명이 되어버리면 501명을 사로잡아야 입법로비가 가능할 것이다. 따라서 국회의원 숫자가 많으면 많을수록 투명한 정치에 가까워 질 것이다. 이 경우 광역의회는 폐지하고 기초의회가 광역까지 겸임하게 하여 무보수 명예직으로 만들어, 퇴근 후 야간에 지자체의회를 개설하도록 해야 할 것이다. 이래야 전문성과 봉사의지가 있는 사람들의 참여로 지자체에 진정한 풀뿌리 민주주의가 이룰 수 있을 것이다. 국회의원 숫자를 늘려야 패거리주의가 없어지면서 자연스럽게 보스도 없어진다. 지금은 국회의원 한 명당 국민 16만 명을 커버하는데 국회의원 1,000명이 되면 5만명씩 커버한다. 그렇게 되면 비례후보들도 다양한 분야를 커버할 수 있다. 다양한 색깔의 사람들이 들어올 수 있는 구조가 되는 것이다. 이렇게 국회의원 정수가 늘어나면 다당제가 자연히 실현되어 보수에서 진보까지 다양한 스펙트럼의 정당들이 차별화된 정책으로 경쟁할 수 있어 현재의 여야 2당 독점적 공생구조를 개선할 수 있을 것이다.

다섯 번째, 부패 문제에 대한 '원 스트라이크 아웃(one strike out)' 제도를 도입해야 한다. 현재 국회의원 중에는 과거 뇌물수수 등으로 사회적 물의를 빚어 교도소에 갔거나 집행유예, 벌금형 등의 판정을 받은 사람들이 버젓이 활동하고 있다. 국회의원 윤리법을 김영란법과 병행해 적용하여 100만 원 이상의 수뢰가 확인된 자는 영원히 국회의원 직을 못하도록 만들어야 한다. '노블레스 오블리제'가 보편화된 현 시대에서 중요한 사회적 지위에 있는 사람에게 남다른 도덕성이 요구되는 것은 지극히 당연한 이치이다. 이는 국회의원뿐만 아니라 최소한 3급 이상의 공직자, 판사나 검사에게 다 적용시켜야 한다. 한 사회에서 존경받는 계층, 귀족이 되려면 그만큼의 사회적 책임을 져야 하는 것이다. 지금 국회 인사청문회를 보면 학력을 속이거나, 위장전입과 같은 기본적이고도 조그만 것부터 사회의 모범이 되지 않는 사람들이 높은 자리에 가겠다고 올라오고 있다. 국민들이 과연 이런 사람들을 존경, 적어도 중요한 사회적 지위에 있는 사람들이라고 인정해줄 수 있을까 깊이 반성해야 한다.

이상과 같은 제도들이 실현된다면 국회의원 자리는 그야말로 국민을 위해 일하고 싶은 사람들이 들어와 개방될 것이다. 구호적인 국회해산이나 국민소환제도가 아니라 실질적 제도개선만이 대한민국 정치를 살리고 의원들을 사람답게 만들 수 있는 것이다.

한국 정치는 과연 개혁되고 있는가? (2012.03.09.)

여야당은 지난달 개혁 쇄신 경제민주화를 내걸고 공천 작업을 시작했다. 그러나 공천이 마무리되어가는 현시점에서 보면 계파공천, 편파공천 시비에 휘말리고 공천의 수단으로 사용된 여론조사, 컷 오프, 모바일 경선 등의 공정성이 의심받으며 결국 주고 싶은 사람에게 공천을 주고 미운 놈을 잘라내는 구실로 사용되고 있다. 여·야당에서는 파벌에 따른 편파성이 끊임없이 제기되며 집안분란이 일고 있는 이유는 정치에서 절대적 권위가 무너진 한국 정치의 과도적 상황을 반영하고 있다.

과거 YS, DJ, JP 등 3김 시대나 그 이전 군사정권 시대에서의 공천은 정치보스가 결정하면 그것으로 끝이었다. 따라서 공천절차는 일사 분란했고 잡음도 별로 드러나지 않았다. 보스들은 국민의 시선을 의식해 항상 30% 안팎의 새 인물을 등용해 물갈이를 했고 돈 없고 배경 없는 선진인사들도 이 혜택에 기대어 돈까지 받으면서 정치를 시작할 수 있었다. 3김 시대가 DJ를 마지막으로 끝나고 그 이후부터 한국정치는 풀뿌리 민주주의도 아니고 보스공천도 아닌 어정쩡한 판이 지속되며 때로는 정치적 성향과 파벌, 때로는 돈, 로비력, 친소관계에 의해 원칙과 기준 없이 정치적 공천이 이루어지고 있다.

현재와 같은 실정은 정치권이 외견상으로 걸어 놓은 '경제민주화'라는 아젠다와는 달리 점점 더 돈 없는 사람이 정치를 하기 어려운 상황을 만들어 가고 있다. 과거는 정치적 보스나 중앙당이 정치자금을 조달해 출마자들에게 선거비용 상당액을 조달해줬고 지구당 운영비로 매달 일정액 지원해 주는 것이 관행이었다. 전당대회 때의 동원 경선과 돈 봉투 사태 또한 이때의 악습이 남아 내려온 것이다. 그러나 이후 정치개혁과 선거공영제가 사회적 명분이 되면서 외관상 정치자금은 사라졌지만, 이는 이후 정당과 관계없는 실세 개인의 주머니로 들어가는 행태로 변모되었을 뿐 오히려 음성적으로 더 확산되고 있다. 대신 각 정당들은 의석 비례로 막대한 국고 보조금을 받으며 이를 대부분 정책개발 보다는 경상비로 사용하는 회사조직처럼 변화하였다.

외관상 선거 때의 돈 봉투, 향응은 엄격한 선거법으로 사라진 듯 보이지만 그 자리를 대체한 것이 바뀐 공천절차와 예비후보 활동에 따른 고비용 구조이다. 여론조사로, 모바일 경선으로 후보를 뽑으려면 어쨌든 후보 개인의 인지도가 높아야 되며 이는 이름을 알리기 위해 후보 스스로 여론조사를 빙자한 '자기이름 알리기 가짜 여론조사'에 엄청난 비용을 투자해야 한다. 또 광주에서 사고가 난 것처럼 모바일 선거인단을 모집하는 과정이 결국 엄청난 돈과 조직이 동원되고 있으며 심지어 모바일 조직을 후보 간에 사고파는 일도 비일비재해지고 있다. 과거 선거 때 돈을 주고 표를 사거나 당원을 가입시키는 행태가 모바일이나 여론조사라는 새로운 방식으로 바뀌었을 뿐 고비용 구조는 지속되고 있는 것이다. 또 예비후보는 몇 달 전부터 사무실을 열고 직원을 고용하고 대형 현수막을 걸면서 사람을 찾아다니며 이름 알리고 각종 홍보수단을 동원해 선전해야 한다. 이런 과정에서 최대 몇 억, 최소 몇 천만 원씩 이르는 것도 보통이다.

그러나 정작 공천에 중요한 것은 이런 인지도보다는 결국은 계파, 파벌, 재력에 의한 로비력이다. 어떤 당은 공천위에 자기 사상의 선명성을 획일적으로 천명해야 하고 어떤 당은 공천위원의 끈을 찾아 헤매어야 한다. 그리고 정보, 타이밍 등을 확보해 승부를 던져야 한다. 그리고 결국 각 정당의 죽고 사는 공천 기준은 사람의 능력, 자질, 청렴도, 개혁성, 경제민주화 의지가 아니라 돈, 로비, 충성도에 의해 좌우된다. 이를 희석시키기 위해 가뭄에 콩 나듯 감동스토리 인물을 구색 갖추기로 등장시키기도 하지만 정치·사회개혁에는 아무런 보탬이 되지 않는다.

어쨌든 이런 과정을 통과한 인물은 기존 정치인이거나 아니면 재력 있는 먹고 사는데 지장 없는 혹은 스폰서를 둘만한 인물이어야 가능하다. 여기서 스폰서 또한 기존 재력이 있는 인물에 붙지 사람의 능력을 보고 지원하는 것은 절대 아니다.

공식적으로 각 선거구당 책정된 법정선거 비용은 2억 원 안팎이다. 이 범위 안에 15% 이상을 득표하면 정해진 항목에 관해 전액이 보전된다. 그러나 실제 법정 선거비용에 포함되지 않는 각종 부대경비가 숱하게 들어가며 음성적 비용 지출이 훨씬 크다. 물론 땅 짚고 헤엄치는 지역 색이 짙은 지역이나 따 놓은 당상인 후보자는 이보다 덜 들어가지만 대신 그는 공천을 따기까지 입장료(?)가 선거비용보다 훨씬 많이 들어간다. 4년 동안 후원회, 출판기념회, 지인의 지원을 받아 공천과 선거에 쓰는 것이며 물론 일부는 자기 주머니로 들어가기도 한다. 그리고 당선하면 또 4년은 축적하고 낙선하면 여러 골치 아픈 문제가 생긴다.

결국 돈 있는 낙선자만이 또 다시 4년을 버텨 승부를 할 수 있는 것이다. 이렇게 해서 된 사람이 돈 안 드는 사회개혁과 경제민주화에 몸 던져 실천할 수 있겠는가?

사회분위기는 경제민주화 정치개혁을 외치지만 실상은 경제민주화와 재벌개혁을 주장할 만한 깨끗한 사람치고 이상의 복잡다단한 고비용 정치구조 속에서 버텨낼 기본재력이 있을 리 없다는 데 딜레마가 있는 것이다.

경제민주화를 수행할 만한 사람이 공천되지 않는 것이 아니라 그럴만한 사람은 아예 정치권에 버틸 수도 없다는 것이 현행 대의민주주의 선거제도의 비극이다. 고위관료, 법조인, 재력가, 교수, 떼거리로 몰려다니는 평생 정치꾼, 스폰서가 든든한 사람 외에 정치하기 힘든 것이 지금의 현실이다.

4년마다 돌아오는 대선을 지배하는 로비꾼 (2012. 03. 29.)

아마추어 운동선수들은 올림픽 출전이 그들의 꿈이다. 올림픽에 나가 금메달을 따기 위해 4년 동안 전 세계 수많은 선수들은 땀으로 얼룩진 인고의 세월을 보낸다. 정치에서는 대선이 올림픽 역할을 한다. 대권을 쟁취하기 위해 4년의 세월을 피 땀을 흘리며, DJ 같은 경우는 4수 끝에 청와대에 들어갔고 YS는 본선 재수로 대권을 잡았으며 MB와 노통은 첫 번째에 골인했다.

그러나 이들 주요 정치인 외에도 대선을 목메고 기다리는 이들이 있다. 국회의원 및 의원 희망자 그리고 정치권 근처에서 밥을 먹고 사는 많은 정치꾼들에게는 대선 승리가 곧 일자리와 신분상승의 기회가 된다. 대선에서 자기가 미는 쪽이 이겨 한자리를 꿰어 차면 일거에 신분이 상승되고 주변 인간관계의 격이 높아지며 갑자기 데면 하던 친지 · 지인 들이 반가운 척 다가온다. 그리고 life-style이 신분상승에 걸맞게 바뀌어 호텔, 백화점, 골프, 해외여행, 명품이 익숙해지고 자동차, 집 등이 업그레이드된다. 이후 교류관계가 바뀌고 이러한 생활을 충족시키는 돈 봉투가 들어온다. 그러면서 인생의 따뜻한 봄날이 시작되며 덩달아 고급술자리 등 향락 유혹도 생기게 된다. 이때 한번 맞본 짧지만 아찔한 경험은 마약과도 같아 그 사람 평생을 지배하며 여야 정치 패거리 중 하나를 떠나지 못하고 평생 서성이게 된다.

원칙대로라면 몇몇 금융 공기업 고위임원 외에 월급 · 수당만으로 이러한 신분 상승을 누리기는 불가능하다. 장관이나 국회의원조차 연봉이 1억 안팎에 불과하고 세금 떼고 지위에 걸맞은 지출을 감안하면 생활하기도 빠듯한 것이 현실이다. 이러한 생활과 신분의 업그레이드를 노리는 정치꾼 옆에는 이들을 이용해 돈벌이를 하려는 장사꾼이 몰려들어 대통령 선거라는 권력변동의 기회를 활용하려 한다. 대통령 선거를 통해 권력 교체가 되거나 아니면 재창출이 되면 새 대통령 당선자를 따라 수천 개의 영향력 있는 자리가 죄다 바뀐다. 이러한 자리교체는 곧바로 권력과 결부된 '이권의 교체'를 의미한다.

사실상 만인지상의 독점적 권력인 대통령은 국가정책, 자신의 공약 이행, 개인 의지나 선호에 따라 수많은 돈벌이 기회를 만들게 하기도 하고 사라지게 하기도 한다. 그리고 대통령 개인과의 친소관계와 접근도에 따른 가신 서열은 곧바로 이런 돈벌이 기회에 대한 영향력 정도를 의미한다. 대통령과 돈벌이 꾼과의 직접적 대면기회는 극히 제한되어 있기 때문이다. 그래서 이들 오른팔 왼팔과 핵심 가신들은 '접수창구'가 되어 정치 자금을 조달하고 일부는 'in my pocket' 하기도 한다. 따라서 이들 주변에는 권력 핵심에 가까울수록 끈을 대고 만나고 싶어 하는 사람이 수두룩하며 하루 24시간이 부족하도록 약속이 잡히며 때로는 이른 조찬부터 심야 술자리까지 미팅이 끊이지 않는 것이다(실세가 바쁜 것은 국사가 아니라 주로 이런 일들 때문이다).

이러한 실세와의 인연은 오랜 시간을 두고 형성되고 성립된 것이 아니기에 단기간의 목적형 친소관계 성립을 위해서는 반드시 술, 선물, 골프, 돈 봉투 등이 매개될 수밖에 없다. 이렇게 해서 일단 안면을 튼 뒤, 정부정책과 인사, 각 행정부서의 예산사업, 공기업 하청납품, 입찰, 심지어 사기업에 관련된 청탁까지 이루어간다. 그리고 그에 따른 적절한 대가와 보상이 지불된다. 이러한 로비를 벌이는 꾼들은 재벌 및 건설업자와 시행업자, 금융 · 부동산 투기꾼, 브로커 및 사기꾼, 심지어 외국인 회사 뚜쟁이까지 매우 다양하다.

이중 대기업 등 수준 있는 로비꾼들은 대선 준비과정부터 베팅하는 것으로 시작한다. 주요 재벌기업이나 고급 브로커들은 대선과정에서 여야 주요 대선후보들을 모두 적절히 관리한다. 물론 당선확률에 따라 베팅정도는 당연히 달라진다. 그리고 캠프에 하수인을 추천하기도 하고 어떤 경우는 직접 파견 지원하기도 한다. 그러면서 대선공약에 자신의 이해관계를 반영하기도 하고 대선 캠프에 주요 경제 브레인에 자신들이 관리하고 있는 관료, 교수, 연구진, 법조인 등을 직접 추천하기도 한다.

그리하여 지원하고 미는 쪽이 집권하면 주요 행정부서 정책 및 예산편성, 통상협정 체결과 법률개정, 환율 등 금융정책, 공정거래, 수출 관세, 민영화, 규제완화 정책과 법률 집행, 대형 프로젝트와 공사 등을 자신에 유리하게 반영케 하고 즉각 추진케 한다. 국민이 낸 세금으로 만들어진 국가예산을 요리해 먹을 준비에 들어가는 것이다. 여기에는 재벌부터 브로커까지 수준에 따라 적절한 베팅이 차별화 되어 이루어진다. 여야 정치권이 다투어 온 한미 FTA, 4대강, 재벌정책, 수도이전, 지역 균형개발, 민영화와 공기업 매각, BTO, BTL 등 민자 사업, 원전정책 및 해외 프로젝트 수주, 에너지, 자원개발, 방산사업, 금융기관 재편 및 공정거래, 금산법, 출자총액제 등이 상기한 언급과 무관치 않다고 보고 있다.

정권시작도 하기 전에 정권을 이미 녹여버린 꾼들의 로비는 이후 인수위, 조각, 개각, 예산 편성, 집행, 정책 실행, 법률개정, 국회활동을 통해 실행 되어가기 시작한다. 그리고 이렇게 재벌, 금융, 건설, 자본 등 수준 있는 로비꾼 이외에도 최근 낮아진 정치권 수준에 걸맞게 온갖 저렴한 브로커와 양아치들조차 권력 주변에 돈을 싸 들고 접근한다. 가끔 검찰 수사에 등장하는 수준에 맞지 않는 꾼들에 용돈을 받았다는 유명 정치인이나 고위 관료들이 그 사례다. 수준 있는 재벌급 꾼의 로비는 이들의 정치권 로비 대리인을 통해 이루어지기도 하는데 주요 재벌회장은 자신들이 관리하는 로비스트들을 기업인으로 위장시켜 키운 뒤 주요 대선 주자에게 접근시킨다.

이러한 꾼들의 로비는 비단 측근 실세뿐 아니라 감시 처벌 권력을 가지고 있는 사정기관 등에도 전 방위로 향해지며 장관 사정기관 수장 후보 등을 키운 뒤 추천하기도 한다. 따라서 이런 로비 꾼들에게는 권력의 교체 시기인 대선이 있는 해는 향후 4년 동안 주머니를 채울 수 있는 라인을 만드는 기회이기에 무척 분주해질 수밖에 없다. 여야의 주요 대선후보와 그 주변의 contact point를 점검하고 베팅시기와 규모, 투입 인물을 점검하며 성향을 검토한다.

그리고 우호적, 비우호적 선호관계를 정리하고 주요 대선후보의 약점과 비리를 수집하며 언론 관리에 들어간다.

최근에는 여론조사회사 관리도 중요해졌다. 대선 등에서 여론조사에 의해 판가름되는 일이 많아졌기 때문이다. 또한 주요 사정, 정보기관 인물 등과 교류관계의 수준도 높여가며 대선 동향을 면밀히 체크하고 그에 걸 맞는 대책 변화를 준비한다. 최근 들어 로비 꾼들의 영향력이 선거 결과에 점점 결정적인 역할을 하고 있다. 과거 3김 시대에는 이들의 정치적 비중과 지지층이 워낙 높고 단단해 후보자신의 영향력이 결정적이었다. 그러나 최근에는 후보자들의 역량과 지지기반이 취약해지면서 비리 의혹 등을 수습하는 능력이 중요해지고 나아가 여론조사의 비중이 매우 높아졌기 때문이다.

국민이 목을 매달고 있는 진보와 보수, 좌우, 개혁과 쇄신, 의지와 인물론 그리고 각종 정치 아젠다와 담론은 정치권 외형에 나타나는 일부분에 불과하다. 그 이면의 깊은 심연에는 돈과 이해, 기득권 유지에 결부된 거대한 탐욕이 국민의 선택을 왜곡하고 있다. 보이는 것이 다가 아니라 보이지 않는 것이 99%를 사실상 지배하고 있는 세상이기 때문이다.

현대 대의민주주의의 꽃이라는 선거는 조종되고 조작된 이미지와 여론의 반영일수도 있는 것이다. 로비꾼들이 몸을 푸는 계절이 다가오고 있다.

부록

한국보수의 혁신: 방향과 과제

1. 세계는 대공황 진입 초기 단계이다.

세계가 하나로 통합되며 선진국에선 제조업이 사라지고 있고, 이러한 선진국의 제조업을 뒷받침 했던 중국 역시 성장률이 7.5% 이하로 떨어질 가능성이 커지고 있다. 참고로 중국은 사회를 좀 먹는 거대한 부정부패 속에 모든 통계를 조작하고 있다. 중국은 고질적인 사회 병폐를 해결하지 않는 한 세계 1위가 될 수 없을 것이다. 이런 시대적 상황에서 보수는 큰 위기를 맞고 있는 것이다. 기업이 잘 돌아가고 경제가 성장하면 보수가 잘 나간다.

그러나 경제 공황이 오면 보수는 무너지게 되어있다.

자 생각해보자. 한국의 GDP가 연 1,350조이다. 그런데 이 중 모 재벌의 매출액이 380조다. 그런데 고용은 40만명 안팎이다. 한국 총 국가 부의 27% 내외를 차지하면서 고용 창출은 고작 40만이다. 이게 말이 되는가? 여기에 역외 탈세, 각종 세금 감면, 비자금 조성 등을 자행하며 공적 부를 개인 주머니로 빼돌리고 있다. 즉 대기업 성장이 국민 혜택으로 돌아오는 시대는 끝난 것이다. 미국은 어떤가? 미국도 가진 자와 못가진 자, 백색 유색 등의 계급/민족 갈등이 굉장히 심해지고 있다. 거기에 해결책이 안 되는 양적완화와 신용경색으로 앞으로 경제상황도 불투명해지고 있다. 한편 인도, 브라질과 같은 신흥 강국들에게는 위기가 재도래하고 있다.

아담 스미스가 당시 시장의 보이지 않는 손을 설파할 땐, 부정부패가 자본과 결탁하여 법과 제도를 바꿀지에 대해 그 시대엔 전혀 생각을 못한 것이다. 이런 부정부패가 세계경제를 장기불황의 시대로 가게 하고 있다.

2. 한국경제도 성장의 정체기가 도래했다.

미국은 1인당 GDP가 2만 달러에서 3만 달러로 성장할 때 약

5년 정도밖에 걸리지 않았다. 반면 한국의 상황은 2007년 처음 2만 달러를 찍은 후 계속 그 주변에 머무르고 있다. 이렇게 지속적인 정체현상은 결국 우리 사회의 내외적인 성장이 이루어지지 않았기 때문이다. 한국에서 OECD 평균 정도의 청렴도만 형성되면 4% 내외의 성장률 달성도 가능하다는 보도도 있었다. 한국은 국제투명기구(TI)에서 매년 발표하는 국가별 부패지수(CPI)에서 세계 183개 국가 중 43위에 불과하다. 10위권 경제 규모에 43위의 부패지수라니. OECD 34개 회원국 중에 27위로 최하위권이고 부탄, 몰타, 푸에르토리코 보다도 순위가 더 낮다.

홍콩의 정치경제리스크컨설턴시(PERC)가 조사한 외국인들이 생각하는 한국의 부패정도는 아시아 선진국 중 최악이다. 특히 2013년 보고서에는 한국이 지난 10년 중 가장 심각한 부패수준이라고 평가하고 있다. 부패가 만연한 나라의 회계자료와 감사자료를 누가 믿고 투자를 할 수 있겠는가?

하청 중소기업→대기업→관료, 정치인으로 엮이는 먹이 사슬 부패커넥션은 결국 경제의 성장 동력을 갉아먹고 창조와 혁신보다 탈세, 비자금 조성, 자산 해외유출 등에 몰두하게 한다. 솔직히 이러한 부패구조 속에서 땅 짚고 헤엄치기 식으로 돈을 버는데 누가 창조와 혁신에 몰두하고 '창조경제'와 '고용창출'을 위해 앞장서겠는가? 열정과 의지로 창업에 나선 성실한 기업가들 대부분이 거대한 부패 구조 속에 버티지 못하고 그 희생물이 되고 마는 것이 오늘날의 현실 아닌가? 한 나라 경제가 선진 경제에 접어들려면 그 사회시스템도 걸맞게 선진화되어야 하지 않겠는가?

3. 여기에 우리 사회는 좌우 이념이 극렬히 대립하고 있고 계층 간, 세대 간의 불만이 심화되고 있다.

이념의 골은 갈수록 깊어져 어떤 사안에 대한 합리적이거나 상식적인 고민은 아예 존재하지 않는다. 각자 여야든, 진보-보수든, 좌우든, 종북이든 반북이든 자기가 처해있는 이념적 입장에 따라, 특히 대북문제는 그냥 진영논리대로 따라간다. 또한 서로의 이해나 증오에 따라서 진영논리가 국민적 합의보다 국민적 대립을 조장하는 쪽으로 작용하기 때문이다. 분노와 갈등을 조장하는 선동이 더 쉽게 잘 먹혀드는 사회에서 어떤 정치인, 사회지도층이나 지식인이 올바르고 합리적인 대안을 제시하려고 노력하겠는가? 이러다 보니 정당 별로 고유의 색깔과 스펙트럼은 모두 사라지고 사실상 갈등에 기반한 선동이 주요 정치적 사회적 생존 메뉴가 되고 있다.

한 사회의 정치, 경제, 사회 구조가 발달하면 이에 맞추어 그 나라 사회 지도층의 수준과 국민 대중의 의식이 같이 성장해 가야 올바른 사회개혁의 대안이 제시되고 실천될 수 있는데 한국사회에는 몇 가지 고유한 장벽이 존재하고 있다. 그것은 ① 영호남 간의 지역갈등 ② 분단에 따른 이념갈등 ③ 계층과 세대갈등에 따른 분노 등이 그것이다. 여기서 ①, ②는 한국사회에만 존재하는 고유한 갈등으로서 모든 사회 갈등의 이면에 깊숙이 자리잡고 있다. 많은 사람들은 지역, 이념 갈등이 시간이 갈수록 줄어들고 있다는 희망적 관측을 하기도 하지만, 반대로 내가 볼 때 드러나지는 않지만 잠재적으로 더욱 심화되고 있는 양상이다. 이념 갈등 또한 지역갈등과 뒤섞이며 지역간, 여야간, 세대간 갈등의 주요 메뉴로 등장하고 있다. 김정은이 조장하는 북핵 위기 하에서의 개성공단 철수문제를 둘러싼 이념갈등의 골이 얼마나 깊은지는 SNS나 인터넷에 들어가 보면 여실히 드러난다.

'광주의 딸'과 '영남의 아들'이라는 '지역+이념'이 혼재된 논리에 정치권이 몰두하는 동안 사회의 기득권 계층은 자신의 이익을 지키고 있고, 지식인들은 거짓 선동으로 서민들을 속이고 있다. 비효율적이고 비능률적인 부패가 만연하게 된 것이다. 이런 부정부패는 국가 혁신에 방해가 되며, 우리 사회가 한 단계 더 성장할 기회를 박탈하게 만든다. 잊을만하면 언론에 보도되는 국세청의 전현직 책임자들이 부패 재벌과 벌인 '돈 먹고 세금 깎아주기' 행태는 이런 구조화된 관료주의의 병폐를 여실히 드러내고 있다. 또한 원전비리와 같이 국민의 생명과 직결되는 최중요 사항에 침묵하거나 숨기는 지식인들도 있다.

부의 분배가 소수에게 갈수록 집중되면서 계층 간의 갈등은 커지고 있다. 사회양극화가 심해질수록 사람들은 더 자극적인 선동에 혹하게 된다. 이런 점을 기득권 세력들이 놓치지 않고 있는 것이다.

4. 희한하게도 한국은 여야 정치세력의 배후에 모두 기득권이 자리 잡고 있다.

보수로 위장된 기득권이 내심 원하는 것은 그들의 특권과 지위, 탐욕, 돈벌이가 지속되는 것뿐이다. 그런데 이들은 보수세력으로 위장해 보수의 이데올로기를 지배 조종한다. 이들은 곳곳에 보수지지 싱크탱크나 이데올로기를 만들어 모두가 마치 신 자유주의, 작은 정부, 규제완화, 감세, 투기조장, 기득권 보호 인양 전파시킨다.

그래서 한국의 보수우파 논객들 중 상당수는 신 자유주의와 대기업의 전도사가 되어있다. 전 세계 경제가 흔들리고 한국도 그 태풍 속에 진입하고 양극화, 가계부채, 고실업, 저성장이 진행되는 상황에서 보수세력이 기득권 옹호 세력으로 인식되면 그것은 곧바로 보수의 멸종을 의미하게 된다. 신자유주의가 세계적으로 엄청난 후유증을 남긴 채 붕괴되어 가는 상황에서 한국의 보수가 사회를 어떻게 유지 발전할 것인가를 원점에서 새로 고민해야 할 중요한 시점이다.

양 김 이후 마지막 정치적 카리스마인 박근혜 대통령은 보수정당으로서는 위험한 승부인 '경제 민주화'와 '복지 확충'을 내걸고 어려운 여건에서 힘들게 당선에 성공했다. 하지만 아직 한국 보수진영의 대다수는 재벌, 관료, 법조계, 언론 등 기득권의 정치적, 사회적 상황에서 벗어나지 못하고 있다. 현재 보수진영 이데올로기 다수가 사실상 이들 기득권이 만들어 주입시킨 것이고 이는 주요 보수진영 이데올로기를 통해 아직도 그대로 전파되고 있다.

진보, 좌파라고 불리는 세력들도 마찬가지이다. 이들도 정도의 차이가 있을 뿐이지 우리 사회의 기득권들로 채워져 있다. 그들이 가진 재력, 학력, 출신 등을 살펴보면 보수세력과의 동질감마저 느껴진다. 포지셔닝에 차이만 있지 이를 구성하는 세력은 우리 사회의 상층부이다. 정규직 귀족노조나 '민주'라는 이름으로 대형 사업장을 장악한 채 세계에서 가장 비싼 생산성을 자랑하고 있는 이면에는 동일노동 동일임금에서 배제된 800만이 넘는 비정규직의 신음이 자리잡고 있다. 여야 누구도 정규직 노조의 양보 없이 비정규직 문제해결의 실마리가 없다는 불편한 진실은 거론하지 않는다. 그리고 이를 정면에서 해결하려 하지 않는다.

외견상 서로 많이 다른 척 해도 실제 부패구조에 있어서는 각자의 집권 시 별다른 것이 없었다.

4. 한국의 보수는 개념부터 재정립되어야 한다.

보수는 사회를 점진적으로 개혁 변화시켜 나가는 것을 의미하지 기득권을 지키고 방어하려는 것이 아니다. 경직된 관료주의를 강화시키거나 부패에 둔감하게 만들기 위한 보수는 진정한 보수가 아니다. 역사는 개혁적 보수가 사회 전복이나 혁명을 막기 위해 사회복지제도를 도입하고 노동자의 지위를 향상시키고 참정권을 확대하는 식으로 발전해왔다.

보수의 화신이라 불리는 철혈 재상 비스마르크는 어떠했는가? 강력한 재정정책으로 사회보험법을 입법시켜 복지국가를 향한 중요한 계기를 마련했다. 시어도어 루즈벨트는 '스탠다드 오일'과 같은 미국의 독점자본을 모두 철폐해 버렸다. 사실상 루즈벨트의 독과점 방지 정책에 의해 1929년 대공황에서 미국이 그나마 버틸 수 있었던 것이다. 영국 역시, 빈부격차가 너무 심해져서 지식인과 서민이 모두 스탈린을 찬양하며 좌파 일색이 되어버리자, 처칠은 '요람에서 무덤까지'로 유명한 베버리지 보고서를 작성하였다. 50년대 미국은 공화당의 아이젠하우어를 대통령으로 뽑으며 50~60년대 중산층-노동자의 전성시대를 가져왔다. 당시 미국의 모든 노동자들이 소득이 크게 늘어 집과 차를 소유하게 되었다. 미국에 이런 시대는 다시 안 올 것이라고 한다.

그러나 한국의 보수는 민주화 시대 이후, 진정한 보수의 색깔을 잃어버린 채 당시 일시적 조류였던 신 자유주의적 승자 독식을 마치 보수의 본질처럼 받아들였다. 이것이 우리사회의 틀로 지난 몇 년 동안 더 심하게 틀이 굳어져 보수의 본질이 달라져버렸다. 자본의 논리가 보수를 지배했고 기득권 이데올로기가 보수로써 위장된 채 여야 정권교체와는 관련 없이 지배적 논리가 되어왔다. 엄격히 말해 현재 한국의 보수가 이념논리 중 '현대보수주의'에 해당된다고 보기에는 턱없이 부족한 수준이다.

남북대치와 이념대립 상황에서 발생된 이념의 대립 뒤에서 수구 기득권 옹호를 보수의 주요 과제인 것처럼 위장해왔다. 이 때문에 종북 방북을 싫어하는 사람은 당연히 대기업, 재벌을 옹호하게 만들고 무조건 복지를 반대하고 경제민주화를 반대하게 만든 것이다.

이것은 이념을 핑계 삼아 탈법적이고 반칙적이며 시대착오적 기득권 사수를 보수처럼 느끼게 만든 의식과 이미지 조작인 것이다. 사회주의와 북한을 싫어하면서도 한국의 일부 재벌의 행태와 기득권의 천박한 행동에 반대할 수 있는 것이 건강한 보수이다.

5. 진정한 보수가 가야할 방향은 다음과 같다.

① 보수 정당의 혁신 방향 제시

② 장기불황시대의 보수의 새로운 가치 정립

③ 부패청산과 사회제도 개혁

④ 청년세대 일자리 등 장기 불황 시대적 과제 대안 모색

⑤ 노령세대 사회참여 확대

⑥ 공정한 경제시스템 확립

⑦ 효율적 복지시스템 도입

⑧ 실천·행동하는 보수

⑨ 관료주의 병폐 타파

특히 부정부패를 척결, 정치와 진영, 이념 대립의 극복이 우리 사회의 가장 시급한 문제점이다. 지금의 사회에는 개혁을 두려워하는 수구 부패 기득권들이 보수의 탈을 쓰고 있다. 이로 인해 보수의 이미지는 그들의 논리로 비춰지고 있다. 특히 젊은 층들이 그렇게 느끼고 있는 것이 문제의 심각성을 대변해준다. 이런 이미지에서 탈피하지 못한다면 보수는 자라는 젊은 층들로 인해 붕괴되는 이념이 될 것이다. 젊은 층이나 경제적 약자에게 지지받지 못하는 보수. 지난 대선에서 이미 나타나지 않았는가?

그래서 보수혁신이 필요하고, 또 그렇게 해야만 한다. 보수가 먼저 변하지 않는 한 '창조경제'는 이루기 힘든 과제가 될 것이다. 창조경제는 사고의 혁신이 전제되어 있는 것임을 모두가 느끼고 있지 않는가? 보수는 가진 자와 대기업의 양보와 타협으로

극단적 대립 없이 사회적 대타협을 이루어내어 사회를 점진적으로 개선하고 발전시키는 것이다.

사상이나 이념은 그 시대에 맞게 탄력적으로 변화하는 것이다. 옛날에 옳았던 것이 항상 옳은 것은 아니다. 한국의 보수모델은 급격한 개발시대에 만들어진 것이다. 그 컨텐츠가 그대로 남아있어 지금은 타임래그가 발생하고 있다.

보수 스스로가 과감하게 사회적 약자와 서민-중산층, 젊은 층을 상대로 한 변화와 혁신의 컨텐츠를 담지 않으면 보수는 위기를 맞고, 도태될 것이다. 참보수의 길만이 보수가 진정 이 시대에 존재해야 할 의의이자 가치의 증명이다.

사회지도층 및 지식 상류층의 위선과 사회적 무책임

1. 사회지도층의 말과 행동은 한 사회에 사회문화적으로 커다란 영향을 미친다.

이들의 처신과 행동생활양식은 그 밑 계층으로 하방식 영향을 미쳐 중산층이 따라 하고 결국은 서민의 행동양식에도 큰 영향을 미친다. 상류층의 명품 소비행태와 라이프스타일을 흉내 내고자 하는 풍조가 중산층에게도 영향을 미쳐 '준 명품'을 낳더니, 이제 서민 여성도 수만 원씩을 주고 종이 명품포장가방을 구매하는 풍조까지 생겼다고 한다.

2. '아비투스(Habitus)'나 사회 문화적 자본이라 함은 계급과 문화적 성향사이에 내재된 행태를 의미한다.

쉽게 말해 불어로 습관이란 뜻에서 유래되었는데 계급 계층과 연계되어 나타난 사회적이고 구조적인 버릇을 말한다. 한국의 상류층이나 재벌이 그 2-3세를 어려서부터 국제학교에 취학시키고 이후 미국 대학에 유학을 보내 학위를 취득하고 결혼시킬 때는 정, 재계 혼맥을 쌓고 초특급 호텔에서 하는 것, 끼리끼리 모여 골프치고 강남의 고급 술집에서 사교모임을 하고 명품으로 포장하고 사는 것 또한 아비투스의 일종이다.

이것이 나머지 상류와 중산층에게까지 번져 교육, 소비, 결혼, 사고행태에서 이를 죄다 모방하고 있다. 문제는 한국 상류층의 아비투스는 그야말로 배블렌이 말한 '유한계급의 과시적 소비 행태'에 머물고 있다는데 그 문제가 있다. 즉, 땀 흘려 벌지 않은 불로소득으로 매일매일을 남에게 자신을 차별화하여 드러내어 보이기 위해서 살아가는 행태들만 사회문화적 자본으로 보이고 있다.

이는 19세기말과 20세기 초반 대공황 전 미국의 천민 졸부 즉 날강도 귀족이라 불리던 독점 투기자본가들이 유럽의 귀족들을 흉내 내어 처신하던 행태들이다. 자본주의 정신의 근검절약과 소명의식은 망각하고 자본주의의 가장 밑바닥 하위문화를 상류층의 '아비투스'인 양 받아들여 한국의 사회문화적 자본들을 타락시키고 있다.

3. 2012대선이 끝나고 한 조사에서 월 소득200만원 이하의 서민계층의 2/3가 경제적 이해보다 사회문화적 가치를 중시해 박근혜 대통령에게 투표했다고 한다.

좌파 식자들은 이런 투표행태를 두고 계급배반 투표라고 간단히 폄하해 말한다. '계급배반'을 말하자면 상류층은 그렇지 않다고 할 수 있는가? 당시 안철수 지지자의 다수와 문재인 지지자의 상당수가 월 소득 500만원 이상의 고소득 전문직장인들이었다. 결국 이들도 계급배반 투표를 한 것 아닌가? 심지어 한국의 상당수 재벌들조차 이번 대선에서 계급배반을 하지 않았는가? 산업화라는 보수적 가치 하에 만들어지고 신자유주의 하에서 막대한 이익을 내며 세계적 기업으로 성장한 몇몇 재벌들이 과연 이번 대선에서 어떤 행동을 보였을까? 이는 배울 만큼 배우고 고소득 전문직에 종사하는 중상류층들이 정말 한국사회의 변화와 개혁 및 부패청산을 가져온다고 믿어서 계급배반 투표를 했을까?

소득의 크기와 인문교양적 소양이나 사회문화적 수준이 일치하지 않는 것이 천민자본주의 한국 고소득 중상류층의 일반적 습관(아비투스)이다. 그래서 나는 이들 고소득층의 계급배반이 서민들의 계급배반보다 더 위선적이며 한심하다고 보는 것이다. 많이 배운 좌파교수, 진보적 논객, 소셜테이너 등이 툭하면 서민노동층의 계급배반을 한심하게 여기고 질타하지만 이들 자신 스스로가 상류층의 일원이라는 점에서 자신의 계급배반부터 먼저 돌이켜 봐야 하는 것이다.

4. 대선이나 고위직 청문회 때 우리는 대선후보, 총리, 장관 등 사회지도층의 구질구질한 변명을 여러 차례 목격해왔다.

이들은 "무지해서, 그런 줄 몰라서, 당시 관행이라서, 집사람이, 자식 교육 때문에…" 운운하면서 다운계약서, 탈세 위장전입, 표절, 공금유용을 구차하게 해명한다. 그러고 심각한 척 카메라에 한번 서고는 그것으로 모든 것은 끝이다. 누구도 그들이 해온 말과 그간의 처신이 완전히 달랐다고 위선을 끝까지 추적하거나 처벌하지 않는다. 해명사과 기자회견이나 청문회 그 순간의 굴욕만 모면하면 모든 것은 끝이고, 일단 선거에 이기거나 임명만 되면 영광만이 남는 것이다.

문제가 있다면 책임을 져야 하고, 잘못했다면 처벌을 받아야 하는데 이들 사회지도층은 감정에 호소해 빠져나가고 그걸로 끝이다. 서민이나 일반국민은 사소한 실수로도 처벌을 받고 세금이 추징되며 벌금을 무는데, 이들 중에 만인 앞에 죄를 고백하고도 처벌 받았다는 인간은 하나도 못 봤다. 월급쟁이의 세금은 원천 징수하면서도 재벌들은 수백 수천억 탈세를 하고 추징금도 내지 않는 것이 한국의 현실이다.

5. 지금 이 나라 사회지도층은 천박한 문화적 식민지 수준의 하위 라이프스타일 행태가 구조적 습관 아비투스로 굳어져 있다.

공직자가 졸부를 흉내 내 자식을 유학 보내고 호화 해외여행을 하려하고 호의호식 하려다 보니 죄다 문제가 있고 멀쩡한 자가 드물다. 천박한 상류 유한 계급의 life style이 한국사회 중상류층의 아비투스가 되고 이것을 정치인 공직자까지 흉내 내는 세태가 되었다. 골프치고, 좋은 술 마시고 자식 유학 보내고 좋은데 결혼시키는 것이 목적이라면 공직자나 정치인이 되어서는 안 된다. 사회가 아무리 혼탁해도 한 사회에 빛과 소금이 되는 계층은 존재해야 그 사회가 지속 유지될 수 있다.

사회지도층은 사회적 책임을 헌신짝처럼 버리고 위선적인 말만 해서는 안 될 것이다.

한국정치 서민을 위한 바람직한 혁신적 정책 경쟁을 벌여라.

최근 한국사회의 경제사회적 급변 양상은 절대적 외형적 성장과 풍요와는 달리 이대로 계속지속이 가능한 사회가 될지 심각한 의문을 던지고 있다. 장기불황하에서 성장은 정체되고 일자리는 부족하고, 더불어 비정규직이 폭증하고 소자영업자는 몰락하며 양극화가 극대화 되어가고 있다. 이 과정에서 중산층이 사라져가고 있고 소득분배의 1:9의 극단적 양극화 양상을 보이며 빈곤의 보편화가 청년, 노령세대에서 진행되고 있다. 이런 장기불황과 저성장 고실업 양극화는 비단 한국 사회만의 문제가 아니라 미국, 유럽, 일본, 중국 등과 BRICs, 신흥국 등 전 지구상에서 광범위하게 진행되고 있다.

이에 여러 차례 언급했듯이 이런 원인은 자동화, 기계화, IT화, 국경장벽 없는 세계화의 진전이 성장과 고용의 불일치를 낳은 데서 비롯된 것이다. 과학기술 문명의 발달과 세계화의 진전은 인류에게 이득을 주는 것이 아니라 재앙으로 작용하고 있는 것이다. 사무직, 노동직을 막론하고 단위당 생산에 필요한 일자리의 수는 급격히 줄어들고 있고, 자유무역의 세계화는 이제 중국 경제조차도 위협할 단계에 이르고 있는 상황이다. 이런 상태에서 기술혁신이나 또 다른 산업혁명이 일어난다고 해서 고용문제가 쉽사리 해결될 것 같지는 않다. 미국의 애플, 구글, 페이스북, 트위터와 같은 자산가치 수백조의 대표적 IT기업이 가지는 미국 내

고용 창출효과가 이러한 현실을 잘 보여주고 있다.

결국 고용의 부진은 수요의 부진을 낳고 글로벌 다국적 대기업이 생산한 상품은 부족한 수요에 의해 한계에 부딪히고 제조업에서 투자처를 못 찾은 거대한 금융자본은 투기 수익을 조장할 데를 찾아 주식 등 금융상품과 부동산 등을 전 세계를 휩쓸며 2008년 금융위기와 같은 사고를 일으켰다. 현재 한국사회의 급속한 저성장, 저물가, 장기불황, 고령화, 부채의 급증, 실업과 비정규직의 만연은 정확히 1991년 이후 일본 사회가 겪었던 그 길을 답습하고 있다. 91년 부동산 폭락으로 시작된 일본 사회는 그 이후 몇 번의 고이즈미 등 정부주도의 개혁조치가 결국 실패하고 이제 아베에 의한 사회적인 극우화가 빠른 속도로 번지고 있다. 경제적으로 아베노믹스라는 인위적인 경제 부양으로 방향을 틀었지만 결국 이는 많은 후유증을 남긴 채 실패로 귀결 될 것이다. 일본은 사회 경제적으로 모두 잘못된 해법을 찾았기 때문이다.

미국 또한 2008년 금융위기 이후 양적완화로 파국을 면했지만 근본적인 해법을 못 찾은 채 이제 한계에 이르러 양적완화를 종결짓고 있다. 현재 전 세계를 휩쓸고 있는 성장과 고용의 불일치에서 시작된 사회정치, 경제적 혼란은 인위적인 경기부양이나 재정지출 확대에서 답이 나오지 않는다. 또한 중국, 일본 같은 대외적 긴장 조성이나 평창주의, 극우주의 흉내만 내는 부패척결 같은 정치쇼로는 해결될 수도 없다.

세계 경제의 변화에 상응하는 정치사회적 패러다임의 변화를 가져와야만 해결이 가능할 수 있다. 지금 세계는 어디로 어떻게 흘러가고 있고 왜 이런 문제가 나타나고 있으며 그것이 각국의 국민의 삶과 의식에 어떤 영향을 미치고 있는가하는 것을 사회 기득권층과 정치인들이 모르고 있거나 외면하는 데에서 문제해결이 느려지고 있는 것이다. 정치는 1달러 1표가 아니라 1인 1표이기에 사회의 보편적 빈곤화와 양극화의 급진전은 결국 표에 의한 심판을 초래하여 사회 정치시스템을 변화시키고 이것이 지연될 때는 결국 혁명적, 폭력적 저항에 직면하게 된다. 최근 한국의 젊은 세대 층에는 우리 사회가 급격한 방법에 의하지 않고는 변화하는 것이 불가능하다는 의견이 점점 늘어나고 있다. 신분상승의 사다리가 무너진 신분과 재산의 승계가 이루어지는 사회는 결국 급격한 사회 저항을 초래할 수밖에 없다.

결국 현재 한국사회가 직면하고 있는 연애-결혼-직장-집으로 이어지는 청년층의 고민과 조기퇴직-소자영업자-노령빈곤으로 이어지는 장년-노령층의 문제, 더 나아가 렌트푸어-하우스푸어-빈곤층 전락-세계 최고의 자살률로 이어지는 빈곤과 주거의 문제의 원인에 대한 정치권의 진지한 성찰과 대안 마련이 시급하다. 그럼에도 한국 정치권은 이원집정부제 개헌이니, 세월호 7시간이니, NLL이니, 국정원 댓글과 같은 이념적인 소모적 정쟁만 하면서 소중한 시간을 허비하고 있다. 사회경제적 급변에 조응하는 집권세력과 정치권의 인식 변화와 그에 따른 대안마련만이 출구가 될 수 있는 것이다.

여기서 2014년 11월 4일 새정치연합의 싱크탱크인 민주정책연구원이 발간한「진보의 길을 다시 묻다」는 보고서에서는 '진영논리에 안주하지 말고 국민만 생각하고 정치해야'라고 강조했다. 즉, '박근혜 대통령을 상대로 쓸데없는 싸움을 하지 말자.' '시끄러운 소수의 존재감에 집착하지 말고 문제 해결을 열망하는 조용한 다수 생활인의 정서와 이해를 대변해야 한다.'는 반성이 얼마나 지속될지 모르나 제대로 된 현실인식을 한 것이다. 다만 근본적인 제대로 된 공부와 고민, 현실진단이 결여된다면 이는 지속될 수 없는 포퓰리즘적인 정책 남발로 연결될 수 있다. 퍼주기식 보편적 복지 논란을 재발시키지 않으려면 여야 정당이 개혁적 대국민정책을 놓고 경쟁과 토론을 하는 것이 중요하다. 현재 한국의 경제상황은 재정지출 확대, 부동산 부양, 기업사내 유보금 투자유도 및 세법 개정만으로 해결될 수 있는 상황이 아니다.

무리한 보여주기식 정시행정보다 오히려 근본적인 수술이 필요한 때이다. 사회전반에 만연한 부패 관행 및 유착고리 척결과 투명성 강화, 공공 주거-교육 입시 사교육 시스템의 개혁, 서비스-금융 등 분야의 경쟁력 강화, 효율적 맞춤형 연금 복지제도의 정비와 복지부패 척결, 중소기업 위주의 창업 활성화 및 투자 개선, 주요 생활 필수분야의 독과점의 가격 담합 폐해 개선 및 경쟁

강화 등에서 시급한 개혁이 요구된다. 예를 들어 공무원 연금개혁 문제를 놓고 야권이 자신들과 가까운 공무원 노조 입장을 편들어 무조건 반대만 해서는 안 된다. 여야가 공무원 개혁안을 각기 내고 누가 더 개혁적인지 경쟁하고 국민의 지지를 얻으려 해야한다. 시급한 노사문제, 의료보험, 국민연금 문제 또한 마찬가지이다. 미국 정치가 과도한 정쟁으로 의료보험 문제 하나 해결 못하고 무너져가는 모습을 보면 한국 정치도 느끼는 것이 있어야 한다.

지금, 한국 정치권에 대해 국민이 가진 인내는 많지 않다. 다수의 서민들을 향한 개혁적 정책 경쟁을 통해 한국 정치가 다시 태어나야 한다.

유병언 일가가 역대 정권에서 받은 특혜 의혹 리스트

유병언은 1972년 무역업체 삼우트레이딩을 인수하며 사업을 시작했는데, 인수자금은 구원파 신도들의 자금인 것으로 전해진다.

1979년 ㈜세모를 설립하고 건강식품과 유람선 사업 등으로 진출하며 몸집을 키웠다.

※ 유병언의 회사가 선박을 확보하지 못해 면허 취소 위기에 놓이면 그때마다 해수부는 면허 인가를 연장해줌. 한국해운조합과 한국선급이 유병언 일가에게 특혜를 제공한 것으로 의심받고 있음.

※ 금융권이 유병언 일가 사업체에 대출해 준 액수

우리은행 : 926억원

산업은행 : 611억원

기업은행 : 554억원

경남은행 : 544억원

신　　협 : 514억원

하나은행 : 87억원

농　　협 : 77억원

국민은행 : 64억원

신한은행 : 54억원

수협은행 : 45억원

외환은행 : 37억원

대구은행 : 19억원

수출입은행 : 11억원

전북은행 : 4억원

※ 금융권이 유병언 자녀와 핵심 관계인에게 대출해 준 액수

우리은행 : 86억원

경남은행 : 39억원

국민은행 : 34억원

농협은행 : 18억원

기업은행 : 17억원

하나은행 : 15억원

외환은행 : 2억원

전두환 대통령 (1980.09~1988.02)	유병언이 전두환 대통령 동생 전경환씨와 친분이 있다고 알려짐.
	1986 : 한강 유람선 사업권에서 세모가 유수의 업체들 물리치고 사업자로 선정됨.
노태우 대통령 (1988.02~1993.02)	1988 : 한려개발 인수시 월계수회 멤버라 인수자금 200억원을 5일만에 마련했다는 의혹이 있음.
	1988~89 : 서해안 남해안 일대 20여개 항로를 장악함.
김영삼 대통령 (1993.02~1998.02)	1995 : 인천~제주간 항로 독점권 획득
	1997. 8월 : 세모그룹이 16억원의 어음 결제자금을 마련하지 못해 부도를 내면서 종금사 3곳, 신협 1곳, 금고 1곳 등이 파산, 5개 금융기관이 65억 가량 돈을 떼임.
김대중 대통령 (1998.02~2003.02)	1999 : 세모 법정관리
	1999. 3 : 청해진해운을 세움.
	1999 : 해양수산부가 세모그룹의 인천~제주 항로를 청해진해운에 매각하는 것을 승인.
노무현 대통령 (2003.02~2008.02)	세모의 부도로 부실 관련자에 대해 예금보험공사는 은닉 재산을 조사해야했지만, 2006년부터 2009까지 7차례의 조사에서 단 한 차례도 제3자 명의의 차명, 은닉 재산에 대해 조사를 하지 않음. 그리고 그 조사를 통해 유병언 회장의 예금보험공사에 대한 채무 140억원 탕감.
	예금보험공사는 2008년 유병언 전 회장이 청해진해운에서 급여를 지급받은 사실을 국민건강보험공단으로부터 확인하고도 재산 조사 등의 조치를 취하지 않았다.
	2004 : 세모가 중국과 베트남의 세모 현지법인 3군데(주하이 세모 완구공업유한공사, 베이징 세모화장품, 세모 비나로부터 법정관리 기간동안 총 6,837억원의 매입했다고 신고. 그 전 5년간의 이 3군데에 대한 매입액이 총 79억인 것과 비교하여 부도난 회사가 장부상에 나타나지 않는 엄청난 거래액을 매입.
	2005: 천해지가 시중 평가액 260억원인 세모의 조선사업부문을 480억원으로 사들임.
	2007 : ㈜세모는 법정관리를 종결하기 위해 2007년 8월 새무리컨소시엄과 337억원 규모의 '인수 · 합병을 위한 투자계약'을 맺었다.
	2008 1월 : ㈜새무리는 2008년 1월 ㈜다판다, 문진미디어와 컨소시엄을 구성해 ㈜세모의 지분 80%를 제3자배정 방식으로 보유해 회사를 인수. 신생회사 ㈜새무리는 당시 기업은행(95억)과 농협중앙회(128억)에서 담보도 없이 223억원의 거액을 대출받아 세모그룹의 모체인 ㈜세모를 인수.

	세모가 당시 출자전환한 주식의 발행가를 부도가 난 기업임에도 액면가의 1,000배가 넘는 가격으로 결정. 채권단이 엄청난 손해를 감수하며 감행. 결국 새무리 컨소시엄이 세모인수를 위해 실제로는 168억원만 씀.
	2008 2월 : 2,000억 이상의 부채를 탕감 받아 ㈜세모 법정관리 종결. 세모에 대한 정리절차는 2008년 2월19일 신청해 8일 만에 이례적인 조기 결정.
	세모는 2008년까지 3,835억 중 2,876억원을 갚기로 했으나 1590억만 이행하고 나머지 출자전환이 되어 사실상 빚을 탕감 받음. 회사 부채의 약 2,000억원을 탕감 받은 것임.
이명박 대통령 (2008.02~2013.02)	연간 감사보고서에 따르면 유병언의 12개 계열사의 2008~2010년까지 공식적인 접대비는 40억원에 달함. 2009년이 13억 4,000만원으로 가장 많았음.
	최근 5년 동안(2009~2013) 청해진 해운이 전국 여객 선사 가운데 가장 많은 사고를 냄. 그럼에도 해양수산부가 2013년 전국 56개 선사를 대상으로 한 고객만족도 평가에서 상위권에 포함됨.
	2009~2013년까지 청해진해운이 낸 법인세는 0원. 적자에 따른 결손 사실이 있는 법인은 법인세를 면제받는 규정이 있고, 2009년부터 공제기간이 10년으로 늘어남.
	2009 : 정부안으로 나온 해운법 시행규칙을 개정해 선박선령 30년으로 연장
	2010 : 유병언의 국제영상의 주식 4만 6,000주를 유병언 일가의 다른 6개의 계열사가 15.7배나 부풀려 매입. 이 거래로 유병언은 26억 가량의 차익 챙김.
	2011 4월 : 인천에서 제주도로 가는 청해진 해운 소속 오하마나호가 기관실 전기 고장으로 바다 한 가운데 멈춰 섬. 그때에도 '자리에서 대기하라.'는 똑같은 명령을 함.
	2012 2월 : ㈜아해가 UAE 원전수출에 참여해 약 85억을 수주했는데, 신한울 1,2호기에 납품한 것을 근거로 계약을 채결함. 그런데 문제는 근거가 된 신한울 1,2호기 납품계약은 2013년 9월에 20억원대의 수의계약으로 밝혀짐.
	2012 : 일본에서 18년간 운항한 '페리 나미노우에'를 인수하고 리모델링을 통해 세월호로 운항. 청해진 해운이 세월호를 인수할 때 산업은행에서 선박의 가격이 70억원인데도 100억원을 대출해주어 특혜 논란. 산업은행 내부전산망에서 대출위험성을 점검하라는 경고가 나왔음에도 무시.
	2012 : 아해프레스라는 해외법인으로 유씨 일가의 재산관리와 외화를 밀반출한 것이라는 의혹. 특별한 매출신장도 없이 해마다 10억원 넘게 자본금이 늘어나고 있음.

주

1. 국민 각계각층의 이해관계인을 대표로 하여 국회를 구성하는 제도이다. 선거를 통해 의원을 뽑을 때 다수에게서만 국민의 대표가 나오면 상대적으로 소수의 국민들의 대표가 없기 때문에 고안된 방법이다.

2 국회법 [시행 2014.8.29.] 제10조(의장의 직무) 의장은 국회를 대표하고 의사를 정리하며, 질서를 유지하고 사무를 감독한다.

3 http://likms.assembly.go.kr/record/index.html 회의록 시스템

4 국회법 [시행 2014.8.29] 제92조(일사부재의) 부결된 안건은 같은 회기중에 다시 발의 또는 제출하지 못한다.

5 국회의원수당 등에 관한 법률 [시행 2013.8.13.] 제2조(수당의 지급기준) 국회의원에게 별표 1의 수당을 매월 지급한다. 다만, 수당을 조정하고자 할 때에는 이 법이 개정될 때까지 공무원보수의 조정비율에 따라 국회규칙으로 정할 수 있다.

제6조(입법활동비) ① 국회의원의 입법기초자료의 수집·연구등 입법활동을 위하여 별표 2의 입법활동비를 매월 지급한다. 다만, 입법활동비를 조정하고자 할 때에는 이 법이 개정될 때까지 국회규칙으로 정할 수 있다. 〈개정 1984.12.31.〉

제8조(여비) ① 국회의원이 본회의 또는 위원회의 의결이나 국회의장의 명에 의하여 공무로 여행할 때에는 여비를 지급한다. ②여비의 지급기준은 국회규칙으로 정한다. 〈개정 1984.12.31.〉

6 참고: 국회사무처, [(2012)의정자료집 : 제헌국회~제 18대국회], 대한민국국회, 2013

7 국회의원 수당 등에 관한 법률 [시행 1981. 3.31.] 제11조 (개정의 제한등) ① 국회의원에 대한 급여등은 이 법 이외의 다른 법률이나 규칙등으로 규정할 수 없다. ②이 법의 개정은 개정당시의 국회의원 임기중에는 그 효력이 없다.

8 국회의원수당등에관한법률 [시행 1973.2.7.] 부칙 ①(시행일) 이 법은 공포한 날로부터 시행한다. ②(폐지법률) 이 법 시행당시의 국회의원보수에 관한 법률은 폐지한다. ③(경과조치) 국회의원에게는 직접 국가예산에서 지급하는 비서관·비서등을 두지 아니하며, 국회사무처법 제12조와 국회사무처직제중 "비서관", "비서"는 이를 삭제한다.

9 국회법 [1988.6.15, 전부개정] 제31조(교통기관이용) 의원은 국유의 철도·선박과 항공기에 무료로 승용할 수 있다. 다만, 폐회중에는 공무의 경우에 한한다.

10 향토예비군 설치법 [시행 2014.3.11.] 제5조(동원) ① 국방부장관은 예비군이 그 임무수행을 위하여 출동할 필요가 있다고 인정할 때에는 예비군대원에게 대통령령으로 정하는 시간 이내에 지정된 장소에서 소집에 응하도록 동원을 명령할 수 있다. 다만, 국회의원, 외국에 여행 중이거나 체류 중인 사람, 국외를 왕래하는 선박의 선원 또는 항공기의 조종사와 승무원, 그 밖에 대통령령으로 정하는 사람에 대하여는 동원을 보류할 수 있다.

민방위기본법 [시행 2014.1.7.] 제18조(조직) ① 민방위대는 20세가 되는 해의 1월 1일부터 40세가 되는 해의 12월 31일까지의 대한민국 국민인 남성으로 조직한다. 다만, 다음 각 호의 자는 제외한다. 〈개정 2012.2.22., 2013.6.4.〉

1. 국회의원 2. 지방의회의원 ……. 생략

11 청원 경찰 친목모임, '청목회'가 청원경찰법 제정을 위해 회비를 거둔 다음 이를 10만 원씩 쪼개 국회 행정안전위원회(현 안전행정위원회) 소속 국회의원에게 후원을 함. 검찰이 이것을 입법 로비라며 수사하였고, 여야의원 6명이 선고유예를 받음.

12 공직자 윤리법 [시행 2013.12.12] 제8조의2(심사결과의 처리) ① 공직자윤리위원회는 제8조에 따른 등록사항의 심사 결과 등록대상재산을 거짓으로 기재하거나 중대한 과실로 빠트리거나 잘못 기재하거나 직무상 알게 된 비밀을 이용하여 재물 또는 재산상 이익을 취득한 사실이 인정되면 다음 각 호의 어느 하나의 조치를 하여야 한다.

1. 경고 및 시정조치
2. 제30조에 따른 과태료 부과
3. 일간신문 광고란을 통한 허위등록사실의 공표
4. 해임 또는 징계(파면을 포함한다) 의결요청

13 후원 한도 액수인 1억 5천만 원이 넘을 경우 선관위가 그 고의성을 판단하여 고발의 여부를 검토한다. 고의성이 없다고 판단되는 경우 1억 5천만 원을 초과한 금액은 다음해로 이전되어진다.

14 대법원 1992. 9. 22. 선고 91도3317

15 대법원 2007.1.12, 선고, 2005다57752, 판결

16 2013년 1월 8, 9일 미디어리서치 여론조사. 전국 19세 이상 성인 남녀 1천명

을 대상으로 한 'RDD(무작위 임의 걸기)' 방식을 이용했으며, 95% 신뢰 수준에 오차 범위는 ±3.1%포인트이다.

17 대한민국헌법 [시행 1988.2.25.] 제54조 ① 국회는 국가의 예산안을 심의·확정한다.

②정부는 회계연도마다 예산안을 편성하여 회계연도 개시 90일전까지 국회에 제출하고, 국회는 회계연도 개시 30일전까지 이를 의결하여야 한다.

③새로운 회계연도가 개시될 때까지 예산안이 의결되지 못한 때에는 정부는 국회에서 예산안이 의결될 때까지 다음의 목적을 위한 경비는 전년도 예산에 준하여 집행할 수 있다.

1. 헌법이나 법률에 의하여 설치된 기관 또는 시설의 유지·운영
2. 법률상 지출의무의 이행
3. 이미 예산으로 승인된 사업의 계속

18 공직선거법 [시행 2014.5.14] 제 192조 (피선거권상실로 인한 당선무효 등) ④ 비례대표국회의원 또는 비례대표지방의회의원이 소속정당의 합당·해산 또는 제명 외의 사유로 당적을 이탈·변경하거나 2 이상의 당적을 가지고 있는 때에는 「국회법」 제136조(退職) 또는 「지방자치법」 제78조(의원의 퇴직)의 규정에 불구하고 퇴직된다. 다만, 비례대표국회의원이 국회의장으로 당선되어 「국회법」 규정에 의하여 당적을 이탈한 경우에는 그러하지 아니하다. 〈개정 1995.4.1., 2000.2.16., 2002.3.7., 2005.8.4., 2007.5.11.〉

황장수 한국탐험 ❶국회

펴낸날 **초판 1쇄 2014년 11월 10일**

지은이 **황장수**
펴낸이 **김광숙**
펴낸곳 **백년동안**
출판등록 **2014년 3월 25일 제406-2014-000031호**

주소 **경기도 파주시 광인사길 30**
전화 **031-941-8988**
팩스 **070-8884-8988**
이메일 **on100years@gmail.com**

ISBN 979-11-86061-04-6 03340

※ 값은 뒤표지에 있습니다.
※ 잘못 만들어진 책은 구입하신 서점에서 바꾸어 드립니다.

이 도서의 국립중앙도서관 출판시도서목록(CIP)은 서지정보유통지원시스템 홈페이지(http://seoji.nl.go.kr)와 국가자료공동목록시스템(http://www.nl.go.kr/kolisnet)에서 이용하실 수 있습니다.(CIP제어번호: CIP2014029977)

책임편집 **홍훈표**